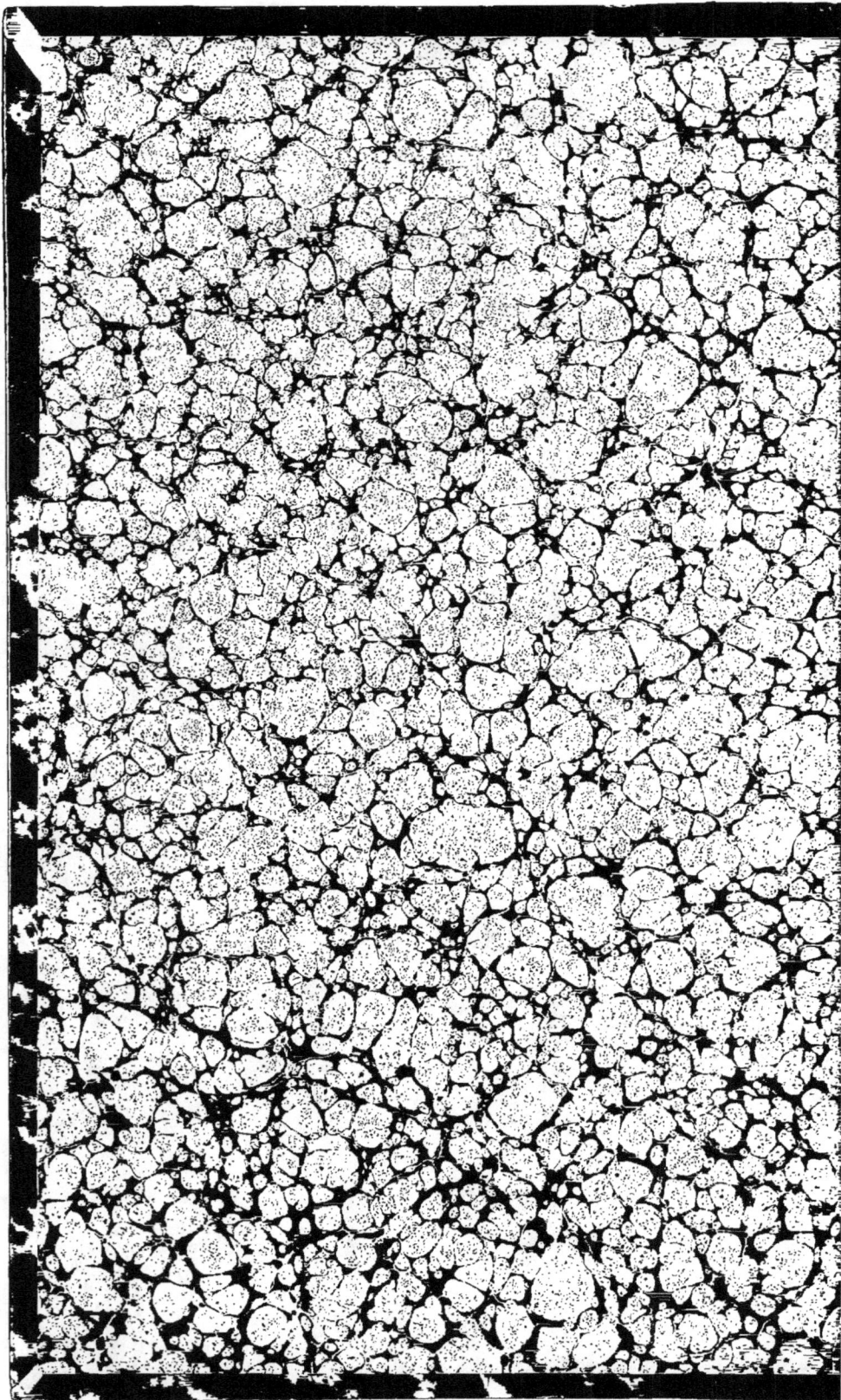

PENSÉES

NAPOLÉONIENNES

Imprimerie A. Chiron, Niort

Rue Saint-Gelais, 46

PENSÉES

NAPOLÉONIENNES

EXTRAITES

des Œuvres, Discours et Écrits

De NAPOLÉON Ier

De NAPOLÉON III, et du PRINCE NAPOLÉON

PAR M. DE DALMAS

Prix : 3 francs.

PARIS
LIBRAIRIE DENTU, EDITEUR
PALAIS-ROYAL, 15, 17, 19, GALERIE D'ORLÉANS
1883

En écrasant l'Europe féodale liguée contre les principes inscrits dans la Déclaration des Droits de l'Homme, en séparant la vérité des passions, en gravant dans ses codes les dogmes de liberté et d'égalité proclamés par l'Assemblée Constituante, Napoléon Ier a assuré le triomphe de la Révolution politique et sociale de 1789.

Les œuvres de Napoléon Ier, les œuvres de Napoléon III, les œuvres du Prince Napoléon donnent en aphorismes laconiques, la synthèse des institutions nouvelles. Ce sont des axiomes politiques, des règles de gouvernement, des pensées religieuses et sociales, inspirées par le même esprit. Ces Maximes montrent que les trois Napoléons, animés d'un semblable amour de la patrie, d'un même dévouement pour le peuple, sont fidèles à ces paroles que le Chef de la Dynastie adressait au Sénat en 1804:

« Mon esprit ne serait plus avec ma « postérité, le jour où elle cesserait de « mériter l'amour et la confiance de la « grande nation. »

Napoléon Iᵉʳ a créé l'Évangile politique et social de la Révolution, Napoléon III et le Prince Napoléon, en sont les apôtres.

Réunir ces Maximes éparses dans leurs

écrits, c'est mettre chacun à même de comprendre et d'admirer l'état social dû au génie Napoléonien.

Tel est le but de cette publication.

———

PENSÉES NAPOLÉONIENNES

CHAPITRE Ier.

GOUVERNEMENT. — CONSTITUTION.

La grande ombre de Napoléon plane sur la France ; elle protège ses successeurs.

PRINCE NAPOLÉON.

Les Napoléons défendent la souveraineté directe du peuple.

PRINCE NAPOLÉON.

La Révolution Française a été un mouvement général de la nation contre les privilèges ; elle eut pour but principal de les détruire, et de proclamer l'égalité de l'impôt et des droits.

NAPOLÉON Ier.

La souveraineté réside dans le peuple Français, dans ce sens que tout, tout sans exeption, doit être fait pour son intérêt, pour son bonheur et pour sa gloire.

NAPOLÉON Ier.

La Révolution Française a été une convulsion nationale, aussi irrésistible dans ses éffets, qu'une éruption du vésuve. Quand les fusions mystérieuses des entrailles de la terre sont arrivées à l'état d'explosion, la lave s'échappe et l'éruption a lieu. Le travail sourd du malaise des peuples, suit une marche identique : quand leurs souffrances arrivent à maturité, une révolution éclate.

NAPOLÉON Ier.

C'est une axiome en France que tout gouvernement doit être le résultat de la volonté de la majorité.

Prince Napoléon.

Les grands principes de notre révolution sortis de la tribune Française, cimentés du sang des batailles, décorés des lauriers de la victoire, salués des acclamations des peuples, sont devenus familiers aux oreilles comme à la bouche des Rois ; ils ne sauraient plus rétrograder.

Napoléon Ier.

Toujours les droits d'un Napoléon ont eu leur source dans les votes du peuple Français. Jamais aucun autre nom n'a été acclamé depuis cinquante ans, quand le peuple, dans son universalité a été appelé à se choisir un chef.

Prince Napoléon

L'idée Napoléonienne est sortie de la Révolution Française comme Minerve de la tête de Jupiter, le casque en tête et toute couverte de fer. Elle a

combattu pour éxister, elle a triomphé pour persuader, elle a succombé pour renaître de ses cen-
dres, imitant en cela un éxemple divin.

NAPOLÉON III.

L'idée Napoléonienne consiste à reconstituer la
société française bouleversée par cinquante ans de
révolution, à concilier l'ordre et la liberté, les
droits du peuple et les principes d'autorité.

NAPOLÉON III.

L'idée Napoléonienne ne suit ni la marche d'un
parti, ni les passions de la foule ; elle commande
par la raison, elle conduit parce qu'elle marche la
première.

NAPOLÉON III.

L'idée Napoléonienne emploie tous les bras et
toutes les intelligences. Elle va dans les chaumié-
res, non pas en tenant à la main de stériles
déclarations, mais avec les moyens nécessaires
pour étancher la soif du pauvre, pour apaiser sa

faim; et de plus, elle a un récit de gloire pour réveiller son amour de la patrie.

NAPOLÉON III.

_____

L'art des gouvernements est de punir les méchants et de récompenser les honnêtes gens.

NAPOLÉON Ier.

_____

Il faut servir dignement le peuple, et ne pas s'occuper de lui plaire. La belle manière de le gagner c'est de lui faire du bien. Rien n'est plus dangereux que de le flatter; s'il n'a pas ensuite tout ce qu'il veut, il s'irrite et pense qu'on lui a manqué de parole, et, si alors on lui résiste, il hait d'autant plus qu'il se dit trompé.

NAPOLÉON Ier.

_____

Toute révolution est dans le principe, une révolte que le temps et le succès ennoblissent et légitiment, mais, dont la terreur a été une des phases inévitables.

NAPOLÉON Ier.

_____

Le grand ordre qui régit le monde tout entier, doit gouverner chaque partie du monde. Le gouvernement est au centre des sociétés comme le soleil : les diverses institutions doivent parcourir autour de lui leur orbite, sans s'en écarter jamais.

NAPOLÉON Ier.

Cinquante hommes réunis dans un temps de crise pour faire une constitution, n'ont pas le droit d'aliéner les droits du peuple; sa souveraineté est inaliénable.

NAPOLÉON Ier.

L'art de gouverner à l'intérieur est surtout l'art de céder, après avoir constaté que les aspirations de l'opinion publique sont sérieuses, vraies, justes; qu'elles répondent au sentiment profond du pays. Gouverner n'est pas résister.

PRINCE NAPOLÉON.

Chez les peuples et dans les révolutions, l'aristocratie existe toujours : la détruisez-vous dans la noblesse, elle se place aussitôt dans les maisons riches et puissantes du tiers état; la détruisez-vous dans celles-ci, elle surnage et se réfugie dans les chefs d'ateliers et du peuple.

Napoléon Iᵉʳ.

La révolution malgré toutes ses horreurs, a été la vraie cause de la régénération des mœurs de la France.

Napoléon Iᵉʳ.

Il est encourageant de penser que dans les dangers extrêmes, la Providence réserve souvent à un seul d'être l'instrument du salut de tous, et dans certaines circonstances, elle l'a même choisi au milieu du sexe le plus faible, comme si elle voulait par la fragilité de l'enveloppe, prouver mieux encore l'empire de l'âme sur les choses humaines, et faire voir qu'une cause ne périt pas, lorsqu'elle a pour la conduire une foi ardente, un dévouement inspiré et une conviction profonde.

Napoléon III.

Les gouvernements qui, après de longs troubles civils, sont parvenus à rétablir le pouvoir et la liberté, et à prévenir les bouleversements nouveaux, ont tout en domptant l'esprit révolutionnaire, puisé leur force dans le droit de la révolution même ; ceux-là, au contraire, ont été impuissants qui sont allés chercher ce droit dans la contre révolution.

NAPOLÉON III.

Les gouvernements qui succèdent à une révolution ont une tâche ingrate, celle de réprimer d'abord pour améliorer plus tard ; de faire tomber les illusions et de remplacer par le langage d'une raison froide, les accents désordonnés de la passion.

NAPOLÉON III.

Une révolution est toujours un des plus grands malheurs dont la colère divine puisse affliger une nation, c'est le fléau de la génération qui la fait, et pendant de longues années, un siècle même, c'est le malheur de tous, le bonheur de quelques individus.

NAPOLÉON Ier.

Les gouvernements ont été établis pour aider la société à vaincre les obstacles, qui entravaient sa marche.

NAPOLÉON III.

Sous le rapport de notre éssence divine il nous faut pour marcher liberté et travail; sous le rapport de notre nature mortelle, il nous faut pour nous conduire un guide et un appui.

NAPOLÉON III.

Ce qu'un plébiscite a établi, un nouveau plébiscite peutseul le remplacer.

PRINCE NAPOLÉON.

Le propre de tout gouvernement est de communiquer à tous ceux qui le servent son reflet et sa couleur.

NAPOLÉON III.

La France est le pays ou les chefs ont le moins d'influence; s'appuyer sur eux, c'est bâtir sur le sable. On ne fait de grandes choses en France qu'en s'appuyant sur les masses.

Napoléon Ier.

Un gouvernement est un moteur bienfaisant de tout organisme social.

Napoléon III.

L'idée des nationalités est non-seulement bonne en elle-même, mais il n'y en a point d'autre qui puisse servir à fonder les relations durables et pacifiques des peuples entre eux, car ce que la force à fait, la force seule peut le défaire.

Prince Napoléon.

Les peuples sont heureux quand les gouvernements n'ont pas besoin de recourir à des mesures extraordinaires.

Napoléon III.

Le plus ou moins de durée du pouvoir contribue

puissamment à la stabilité des choses; mais c'est aussi par les idées et les principes que le gouvernement se fait prévaloir, que la société se rassure.

NAPOLÉON III.

———

Un régime qui multiplie les rouages, qui entraîne des lenteurs, des difficultés d'exécution, des conflits, est un régime mauvais. Un des grands secrets du gouvernement, c'est incontestablement l'art de simplifier.

PRINCE NAPOLÉON.

———

Un gouvernement ne peut être fort que lorsque ses principes sont d'accord avec sa nature.

NAPOLÉON III.

———

Malheur au souverain dont les intérêts ne sont pas liés à ceux de la nation.

NAPOLÉON III.

———

Lorsqu'un gouvernement combat les idées et les vœux d'une nation, il produit toujours des résultats opposés à ses projets.

NAPOLÉON III.

———

Dans un gouvernement dont la base est démocratique, le chef seul a la puissance gouvernementale ; la force morale ne dérive que de lui ; tout aussi remonte directement jusqu'à lui, soit haine, soit amour.

NAPOLÉON III.

————

Diviser les intérêts d'une nation, c'est les desservir tous, c'est engendrer la guerre civile. On ne divise pas ce qui par nature est indivisible, on le mutile.

NAPOLÉON Ier.

————

S'il y a des maximes bonnes pour tous les peuples, il n'y a pas de système bon pour tous.

NAPOLÉON III.

————

Non-seulement un même système ne peut pas convenir à tous les peuples, mais les lois doivent se modifier avec les générations, avec les circonstances plus ou moins difficiles.

NAPOLÉON III.

————

Le plus grand danger peut-être des temps modernes, vient de cette fausse opinion inculquée dans les esprits qu'un gouvernement peut tout; et, qu'il est de l'éssence d'un système quelconque, de répondre à toutes les éxigences et remédier à tous les maux.

NAPOLÉON III.

Il ne saurait y avoir de gouvernement assis sur des formes invariables; il n'y a pas plus de formule gouvernementale pour le bonheur des peuples, qu'il n'y a de panacée universelle qui guérisse tous les maux.

NAPOLÉON III.

Aujourd'hui le but de tout gouvernement habile, doit être de tendre par des éfforts, à ce qu'on puisse dire bientôt: « Le triomphe du christianisme a détruit l'esclavage; le triomphe de la Révolution française a détruit le servage ; le triomphe des idées démocratiques a détruit le paupérisme.

NAPOLÉON III.

Le grand art du gouvernement est de consulter toutes les capacités, en leur marquant le but et la route qu'il faut suivre, car sans cela, on a beaucoup de bruit sans éffet, beaucoup de travail sans résultats.

NAPOLÉON III.

Gouverner ce n'est plus dominer les peuples par la force et la violence, c'est les conduire vers un meilleur avenir, en faisant appel à leur raison et à leur cœur..

NAPOLÉON III.

Les Constitutions sont l'œuvre du temps ; on ne saurait laisser une trop large voie aux améliorations.

NAPOLÉON Ier.

Aucune Constitution ne peut rester telle qu'elle a été faite ; sa marche est toujours subordonnée aux hommes et aux circonstances.

NAPOLÉON Ier.

Quand on veut se mêler de gouverner, il faut savoir payer de sa personne ; il faut savoir se laisser assassiner.

NAPOLÉON Ier.

La propriété, les lois civiles, l'amour du pays, la religion sont les liens de toute espèce de gouvernement.

NAPOLÉON Ier.

Tout gouvernement condamné à périr, périt par les moyens mêmes qu'il emploie pour se sauver.

NAPOLÉON III.

Un peuple qui commet des excès, est indigne de la liberté.

NAPOLÉON Ier.

Un peuple libre est celui qui respecte les personnes et les propriétés.

NAPOLÉON Ier.

La liberté peut avoir ses éclipses momentanées, mais c'est un phare vers lequel se dirigent tous les peuples civilisés.

PRINCE NAPOLÉON.

Dans un gouvernement représentatif, l'interdiction de la liberté de la presse est un anachronisme choquant, une véritable folie.

NAPOLÉON Ier.

Lorsque dans une nation il n'y a plus d'aristocratie, et qu'il n'y a d'organisé que l'armée, il faut reconstituer un ordre civil, basé sur une organisation précise et régulière, avant que la liberté soit possible.

NAPOLÉON III.

Une des premières nécessités, pour un gouvernement, c'est de bien connaître l'état du pays qu'il régit, et de savoir où sont les éléments de force sur lesquels il doit s'appuyer.

NAPOLÉON III.

Les révolutions détruisent tout instantanément, et ne reconstituent qu'à l'aide du temps.

Napoléon Iᵉʳ.

Méfiez-vous de tout homme qui veut exclusivement concentrer l'amour de la patrie, dans ceux de sa coterie ; si son langage a l'air de défendre le peuple, c'est pour l'éxaspérer, le diviser. Il dénonce sans cesse, lui seul est pur.

Napoléon Iᵉʳ.

Un gouvernement doit savoir utiliser tous les mérites, et donner à chacun le poste où il peut rendre le plus de services à la société.

Napoléon III.

Ce ne sont pas seulement les lois qui protègent les citoyens, c'est aussi la manière dont elles sont éxécutées, c'est la manière dont le gouvernement éxerce le pouvoir.

Napoléon III.

Aujourd'hui, en France, il n'y a de possible que

2

ce qui est nécessaire. L'influence du gouvernement est immense en France ; s'il sait s'y prendre, il n'a pas besoin de corrompre pour trouver partout des appuis.

NAPOLÉON Ier.

Deux principes divisent le monde, celui qui admet un droit supérieur à la volonté du peuple, et celui qui fait résider le principe de tout gouvernement dans cette souveraineté.

PRINCE NAPOLÉON.

L'oligarchie ne cède qu'à la force.

NAPOLÉON Ier.

Une Constitution ne doit être que la réunion de quelques principes énoncés dans des formules aussi brèves que possible.

PRINCE NAPOLÉON.

Un gouvernement est faible, lorsque plusieurs centaines de citoyens s'assemblent en assemblée exclusive, jouent la popularité, sont sans cesse

animés par l'éxagération, et n'ont jamais en but que
la destruction.

NAPOLÉON Ier.

———————

La lettre d'une constitution a sans doute une
grande influence sur les destinées d'un pays, mais
la manière dont elle est éxécutée en éxerce peut-
être une plus grande encore.

NAPOLÉON III.

———————

Dans toutes les institutions, c'est l'idée prédomi-
nante et la tendance générale, qu'il faut surtout
rechercher et approfondir.

NAPOLÉON III.

———————

Les institutions ne doivent pas être faites pour
une seule classe ou un seul parti : elles doivent
favoriser également tout le monde.

NAPOLÉON III.

———————

Les institutions doivent favoriser tout le monde,
mais l'esprit qui les dicte ne doit être assis que
sur un seul principe.

NAPOLÉON III.

Il en est des Etats comme d'un bâtiment qui navigue et comme d'une armée ; il faut de la froideur, de la modération, de la sagesse dans la conception des lois, de l'énergie et de la rigueur dans leur exécution

NAPOLÉON Ier.

La modération imprime un caractère auguste aux gouvernements comme aux nations ; elle est toujours la compagne de la force, et le garant des institutions nationales.

NAPOLÉON Ier.

La liberté est comme un fleuve : pour qu'elle apporte l'abondance et non la dévastation, il faut qu'on lui creuse un lit large et profond.

NAPOLÉON III.

Aujourd'hui on ne peut gouverner qu'avec l'opinion publique à la lumière du soleil, autrement, il n'y a pas de gouvernement possible.

PRINCE NAPOLÉON.

Jamais un bon système gouvernemental n'éxistera sans opposition. L'opposition, c'est le stimu-mulant ; c'est, dans la politique, ce que le sel est dans les aliments.

PRINCE NAPOLÉON.

———

Plus il y a dans un pays d'intelligences qui se montrent, plus il y a d'hommes capables de commander aux autres, plus les institutions doivent être républicaines.

NAPOLÉON III.

———

On peut gouverner une société tranquille et régulière avec les seuls dons de l'esprit, mais lorsque la violence a remplacé le droit, et que la marche méthodique de la civilisation a été rompue, un souverain ne regagne le chemin qu'il a perdu, qu'en prenant de ces grandes et subites résolutions que le cœur seul inspire.

NAPOLÉON III.

———

En général les révolutions conduites et exécutées par un chef tournent entièrement au profit des masses, car, pour réussir, le chef est obligé d'abonder entièrement dans le sens national, et pour se maintenir, il doit rester fidèle aux intérêts qui l'ont fait triompher; tandis que, au contraire, la révolution faite par les masses ne profiterait souvent qu'aux chefs, parce que le peuple croit, le lendemain de sa victoire, son ouvrage achevé, et qu'il est dans son essence, de se reposer longtemps de tous les éfforts qu'il lui a fallu faire pour vaincre.

Napoléon III.

L'origine d'un pouvoir influe sur toute sa durée, de même qu'un édifice brave des siècles ou s'écroule en peu de jours, suivant que sa base est bien ou mal assise.

Napoléon III.

Les gouvernements qui ne sont ni assez populaires pour gouverner dans l'opinion des citoyens, ni assez forts pour les maintenir tous dans une oppression commune, ne peuvent se soutenir qu'en alimentant la discorde entre les partis.

NAPOLÉON III.

Tout gouvernement doit avoir les moyens de se faire respecter, et de faire respecter le pouvoir que la nation lui a confié.

PRINCE NAPOLÉON.

Il y a des gouvernements frappés de mort dès leur naissance, et dont les mesures les plus nationales, n'inspirent que la défiance et le mécontentement.

NAPOLÉON III.

Un gouvernement peut souvent violer impunément la légalité et même la liberté, mais s'il ne se met pas franchement à la tête des grands intérêts de la civilisation, il n'a qu'une durée éphémère, et cette raison philosophique, qui est la cause de sa mort, est appelée fatalité lorsque on ne veut pas s'en rendre compte.

NAPOLÉON III.

A une société nouvelle, il faut un symbole nouveau ; il faut, et le droit moderne le veut, il faut l'abdication de tous devant la volonté du peuple librement et directement exprimée ; hors de là, il n'y a plus que le chaos.

PRINCE NAPOLÉON.

Un gouvernement est inébranlable quand il peut se dire : « Ce qui profitera au plus grand nombre, ce qui assurera la liberté des citoyens et la sécurité du pays, fera aussi la force de mon autorité et consolidera mon pouvoir ».

NAPOLÉON III.

L'identité des intérêts entre le souverain et le peuple, voilà la base essentielle d'une dynastie.

NAPOLÉON III.

Une constitution doit être faite uniquement pour la nation à laquelle on veut l'adapter ; elle doit être comme un vêtement qui, pour être bien fait, ne doit aller qu'à un seul homme.

NAPOLÉON III.

Quand le gouvernement, quelle que soit sa forme, n'a plus ni force ni prestige, que l'ordre n'éxiste ni dans l'administration, ni dans l'Etat, il faut rétablir l'ordre avant que la liberté soit possible.

NAPOLÉON III.

Après une révolution, l'essentiel n'est pas de faire une constitution, mais d'adopter un système qui, basé sur les principes populaires, possède toute la force nécessaire pour fonder et établir, et qui, tout en surmontant les difficultés du moment, ait en lui cette flexibilité qui permet de se plier aux circonstances.

NAPOLÉON III.

Lorsque les changements successifs de constitution ont ébranlé le respect dû à la loi, il faut recréer l'influence légale avant que la liberté soit possible.

NAPOLÉON III.

Quand dans un pays il y a des partis acharnés les uns contre les autres, des haines violentes, il

faut que ces partis disparaissent, que ces haines
s'apaisent, avant que la liberté soit possible.

NAPOLÉON III.

———

Lorsque les anciennes mœurs ont été détruites
par une révolution sociale, il faut en créer de
nouvelles, d'accord avec les nouveaux principes,
avant que la liberté soit possible.

NAPOLÉON III.

———

L'esprit communal est un esprit essentiellement
conservateur ; tout ce qu'il a acquis, que ce soit
un abus ou un avantage, il le garde avec la même
ténacité

NAPOLÉON III.

———

CHAPITRE II.

POLITIQUE. — ADMINISTRATION.

Dans les moments de crise extérieure, tout mouvement populaire perd les Etats, comme en présence de l'étranger foulant le sol de la patrie, tout changement politique est funeste.

NAPOLÉON III.

Les hommes qui ont changé l'univers, n'y sont jamais parvenus en gagnant les chefs, mais toujours en remuant les masses; le premier moyen est du ressort de l'intrigue et n'amène que des résultats secondaires ; le second est la marche du génie et change la face du monde.

NAPOLÉON Ier.

———————

Une grande nation ne se maintient à la hauteur de ses destinées, que lorsque les institutions elles-même sont d'accord avec les éxigences de sa situation politique, et de ses intérêts matériels.

NAPOLÉON III.

———————

Dans tous les pays, les besoins et les griefs du peuple se formulent en idées, en principes, et forment les partis.

NAPOLÉON III.

———————

En lisant l'histoire des peuples, comme l'histoire des batailles, il faut en tirer les principes généraux, sans s'astreindre servilement à suivre pas à pas une trace qui n'est pas empreinte sur le sable, mais sur un terrain plus élevé, les intérêts de l'humanité.

NAPOLÉON III.

———————

L'égalité est la passion du siècle.

Napoléon Ier.

———

Il est de principe politique de ne donner bonne opinion de sa bonté qu'après s'être montré sévère pour les méchants.

Napoléon Ier.

———

En politique comme en religion, on préfère trop souvent celui qui est entièrement opposé à vos principes, aux schismatiques qui n'en diffère que par des nuances imperceptibles.

Napoléon III.

———

L'égoïsme ne profite ni aux individus ni aux peuples, et c'est une mauvaise politique que celle qui fait abandonner ses amis, de peur de déplaire à ses ennemis.

Napoléon III.

———

S'il est des hommes nés dans les hautes classes de la société qui aient déshonoré le nom Français, l'amour de la patrie et le sentiment de l'honneur national se sont conservés tout entiers dans le peuple des villes, des habitants des campagnes et des soldats de l'armée.

NAPOLÉON Ier.

———

Lorsque la France est satisfaite, le monde est tranquille.

NAPOLÉON III.

———

Le peuple Français a deux passions également puissantes, qui paraissent opposées et dérivent cependant du même sentiment, c'est l'amour de l'égalité et l'amour des distinctions; un gouvernement ne peut satisfaire à ces deux besoins que par une excessive justice.

NAPOLÉON Ier.

———

Une des obligations les plus nobles du pouvoir est de rechercher le mérite ; une de ses plus douces prérogatives est de l'honorer.

NAPOLÉON III.

———

Il est de principe en France que tout Français domicilié a le droit d'avoir des armes. Tout noble, autrefois, avait le droit de posséder des armes ; aujourd'hui, tout Français domicilié, tout citoyen qui, dans son existence privée, donne à la société une caution de sa conduite, est noble.

NAPOLÉON Ier.

L'histoire nous offre cent exemples d'une paix sans dignité, amenant toujours une guerre acharnée.

NAPOLÉON III.

Les dissensions intestines, en faisant croire à l'affaiblissement de l'Etat, réveillent sans cesse les espérances des ennemis extérieurs, et, chose plus triste à constater, ces ennemis extérieurs trouvent toujours des complices parmi les traitres prêts à livrer leur patrie.

NAPOLÉON III.

L'oppression étrangère forme les nationalités, bien plus que la communauté d'idées et d'intérêts.

NAPOLÉON III.

Dans les temps de crise, les gouvernements faibles, taxent toujours de complicité la sympathie pour leurs adversaires, et ne leur ménagent point la calomnie ?

NAPOLÉON III.

Dans les pays livrés aux divisions des partis, combien n'y a-t-il pas de gens qui souhaitent le renversement du gouvernement éxistant, sans cependant vouloir prendre part à une conspiration ?

NAPOLÉON III.

Les flots populaires, semblables à ceux de l'Océan, une fois agités, ont besoin de temps pour se calmer.

NAPOLÉON III.

Les partis politiques ne désarment jamais, pas même devant la gloire nationale.

NAPOLÉON III.

Au début des révolutions, la majorité du peuple et même celle des assemblées, inclinent toujours vers la modération ; mais bientôt, dominées par une minorité passionnée et entreprenante, elles se jettent à sa suite dans des voies extrêmes.

NAPOLÉON III.

La discorde à l'intérieur paralyse généralement à l'extérieur toute politique nationale.

NAPOLÉON III.

Il y a des temps où la sévérité est mauvaise conseillère, et ne peut rendre à un gouvernement la force morale qu'il a perdue.

NAPOLÉON III.

Une caste que ne renouvellent pas des éléments étrangers est condamnée à disparaître, et le pouvoir absolu, qu'il appartienne à un homme ou à une classe d'individus, finit toujours par être également dangereux à celui qui l'éxerce.

NAPOLÉON III.

Il ne suffit pas, pour apprécier l'état d'une société, d'approfondir ses lois, il faut encore bien constater l'action qu'éxercent les mœurs.

NAPOLÉON III.

La guerre contre une invasion étrangère a toujours cet immense avantage, de faire cesser les divisions intérieures en réunissant les citoyens contre l'ennemi commun.

NAPOLÉON III.

Les hommes qui se destinent aux emplois publics sont tenus à un apprentissage pénible.

NAPOLÉON III.

La première qualité d'un peuple qui aspire à un gouvernement libre, est le respect de la loi.

NAPOLÉON III.

Des excès du pouvoir naît toujours un désir immodéré de liberté.

NAPOLÉON III.

Il y a pour les Etats un degré de corruption où il ne sont capables de supporter ni les abus qui les énervent ni le remède qui les régénérerait.

NAPOLÉON III.

Les pouvoirs faibles et imprévoyants croyent qu'ils ont tout fait, quand après avoir lutté long-temps contre l'opinion publique, ils sont obligés de céder.

NAPOLÉON III.

Pour beaucoup, le Messie c'est la nécessité et le pouvoir si puissant, si séduisant, qui éclaire soudainement et qui rend tout à coup bon, utile, opportun, ce qui, la veille, était considéré comme révolutionnaire, dangereux, mauvais, inopportun,

PRINCE NAPOLÉON.

En politique le bien n'est que relatif, jamais ab-solu.

NAPOLÉON III.

· On peut avoir une très bonne Constitution avec une détestable politique, et réciproquement. La vraie politique, c'est la pratique journalière du gouvernement, c'est le choix des autorités qui l'appliquent.

PRINCE NAPOLÉON.

———

L'autorité publique se compromettrait beaucoup moins en réformant une loi vicieuse, qu'en tolérant son infraction.

NAPOLÉON Ier.

———

Dans un état bien organisé il faut toujours que deux mouvements contraires se fassent sentir: l'un qui de la base de l'édifice remonte vers le sommet, et l'autre qui du sommet redescende vers la base.

NAPOLÉON III.

———

Lorsqu'une déplorable faiblesse se manifeste dans les conseils du pouvoir; lorsque, cédant tour à tour à l'influence des partis contraires et vivant au jour le jour sans marche assurée, il a donné la mesure de son insuffisance, et que les citoyens les plus modérés sont forcés de convenir que l'Etat n'est plus gouverné; lorsqu'à la nullité au dedans, il joint l'avilissement au dehors, alors une inquié-

tude vague se répand dans la société, le besoin de
la conservation l'agite, et elle semble chercher un
homme qui puisse la sauver.

Ce génie tutélaire, une nation nombreuse le pos-
séde toujours dans son sein, mais quelquefois il
tarde à paraître. Il ne suffit pas qu'il existe, il faut
qu'il soit connu. Jusque là toutes les tentatives
sont vaines, l'inertie du grand nombre protége le
gouvernement nominal, malgré son inertie et sa
faiblesse.

Mais que ce sauveur attendu donne tout à coup
un signe d'éxistence, l'instinct national le devine
et l'appelle, les obstacles s'aplanissent devant lui,
et tout un grand peuple volant sur son passage
semble dire: le voilà!

NAPOLÉON Ier.

Le principe de chaque institution est ordinaire-
ment bon parce qu'il se fonde sur les besoins du
moment; il dégénère dès que ces besoins sont chan-
gés, dès que l'éffet qu'il devait produire est accom-
pli.

NAPOLÉON III.

La faiblesse du pouvoir suprême est la plus affreuse calamité des peuples.

NAPOLÉON I⁰ʳ.

———

L'amour des places est dans un grand peuple, le plus grand échec que puisse éprouver sa moralité.

NAPOLÉON 1ᵉʳ.

———

Sans ordre l'administration n'est qu'un chaos : point de Finance, point de crédit public, et avec la fortune de l'Etat s'écroulent les fortunes particulières.

NAPOLÉON Iᵉʳ.

———

Quand la Démocratie sera complètement organisée, alors le Parlement pourra jouir de la plénitude de ses prérogatives ; mais jusque là, pour marcher fermement vers le progrès, pour réformer radicalement sans renverser, pour édifier avec sagesse et persévérance, un pouvoir fort, des libertés complètes pour tous et le contrôle des chambres sont la vraie formule de la liberté pour la France.

PRINCE NAPOLÉON.

·Nous tous, citoyens de la société moderne, nous devons chercher à établir par le suffrage universel la vraie liberté , basée, sur les réformes qui sont la condition du salut de la France.

PRINCE NAPOLÈON.

La liberté n'est pas plus anglaise que prussienne, autrichienne que française, elle est de tous les pays, elle est humaine, elle est comme le beau, elle n'a pas de formes très différentes.

PRINCE NAPOLÉON.

La liberté est un mot vague qui s'interprète diversement.

PRINCE NAPOLÉON.

L'histoire nous apprend que les assemblées omnipotentes, inspirées par le souffle populaire, renversent tous les obstacles comme la Convention, mais quand cette puissante impulsion leur fait dé-

faut, elles deviennent conservatrices même des a-
bus.

PRINCE NAPOLÉON.

Le pouvoir est un lourd fardeau.

NAPOLÉON III.

Exclure tous les nobles des fonctions publiques,
serait une injustice révoltante.

NAPOLÉON Ier.

L'action gagne à être concentrée, mais c'est a-
près une large et libre discussion en commun.

PRINCE NAPOLÉON.

Le but de l'homme d'Etat doit être de détruire
autant que faire se peut l'esprit de caste, et d'unir
tous les citoyens dans une même pensée, comme
dans un même intérêt.

NAPOLÉON III.

L'anarchie produit les guerres intestines et toutes les calamités publiques.

NAPOLÉON Ier.

Quand dans un état l'on s'accoutume à condamner sans entendre, à applaudir d'autant plus à un discours qu'il est plus furieux, cet état-là est bien près de sa ruine.

NAPOLÉON Ier.

La France supporterait dix Comités de Salut public ; mais les Bourbons, elle les vomirait en trois mois.

NAPOLÉON Ier.

La Démocratie peut être furieuse, mais elle a des entrailles, on l'émeut; pour l'aristocratie, elle demeure toujours froide, elle ne pardonne jamais.

NAPOLÉON Ier.

Dans un pays depublicité, il n'éxiste de remède contre les excentricités et les excès, que la publicité, en dehors de là il n'y en a pas. Il faut que la lumière pénètre partout, ce n'est nullement un danger.

PRINCE NAPOLÉON.

Ce n'est pas le principe en lui-même de la liberté de la presse qui apporte de grandes difficultés, mais bien les circonstances sur lesquelles on a à faire l'application de ce principe dans le sens abstrait.

Napoléon Ier.

———

La liberté de la presse doit, entre les mains du gouvernement, devenir un puissant auxiliaire pour faire parvenir dans tous les coins de l'Empire, les saines doctrines et les bons principes ; l'abandonner à elle-même, c'est s'endormir auprès d'un danger.

Napoléon Ier.

———

Le plus difficile n'est pas d'acquérir la liberté, c'est de la conserver.

Napoléon III.

———

Rien ne contribue davantage à envenimer les questions, à aggraver les situations, à fausser les esprits qu'une politique bâtarde, sans dignité et sans suite, qui ne fait pas ce qu'elle veut, parce qu'elle n'ose jamais vouloir.

Napoléon III.

———

Il n'est pas donné à chacun d'être homme d'Etat.
Cette charge requiert une contexture toute particulière, et qui ne se rencontre pas à profusion.

NAPOLÉON Ier.

Les institutions en France doivent être marquées
au coin démocratique.

NAPOLÈON III.

Il y a toujours des menaces de révolution. Le
moyen de les éviter, c'est de leur prendre ce qu'elles ont de bon.

PRINCE NAPOLÈON.

Un jour seul ne fait pas d'une république de cinq
cents ans une monarchie héréditaire, ni d'une monarchie de quatorze cents ans, une république élec-
tive.

NAPOLÉON III.

Dans toute liberté, il faut une certaine égalité.

PRINCE NAPOLÉON.

Il y a un but constant en politique, mais les moyens pour l'atteindre varient selon les temps, les événements; selon les circonstances, les inté-rêts, les forces.

Prince Napoléon.

Quand on est arrivé dans une certaine classe, à solliciter les emplois pour de l'argent, il n'est plus, pour une nation, de véritable indépendance, de noblesse, de dignité dans le caractère.

Napoléon 1er.

Aux époques agitées; dans les temps ou les no-tions du juste et de l'injuste semblent confondues, il est utile de relever le prestige des grandes ins-titutions, et prouver que certains principes renfer-ment en eux une force indestructible.

Napoléon III.

Exploiter le pays n'est pas l'administrer.

Prince Napoléon

Gouverner par un parti, c'est se mettre tôt ou tard dans sa dépendance. Se servir un jour d'un

parti pour l'attaquer le lendemain, de quelque prétexte que l'on s'enveloppe, c'est trahir.

NAPOLÈON Ier.

On peut légitimement violer la légalité, lorsque,
la société courant à sa perte, un remède héroïque
est indispensable pour la sauver, et lorsque le gouvernement, soutenu par la masse de la nation, se
fait le représentant de ses intérêts et de ses désirs.

Mais au contraire, lorsque, dans un pays divisé
par les factions, le gouvernement ne représente
que l'une d'elles, il doit, pour déjouer un complot,
s'attacher au respect le plus scrupuleux de la loi,
car alors toute mesure extra-légale parait inspirée,
non par un intérêt général, mais par un sentiment
égoïste de conservation, et la majorité du public,
indifférente ou hostile, est toujours disposée à
plaindre l'accusé quel qu'il soit, et à blâmer la
sévérité de la répression.

NAPOLÈON III.

Dans certaines circonstances le salut d'un peuple est la suprême loi, la plus légitime; il est de

ces circonstances rares, grâce à Dieu! qu'on ne
doit jamais invoquer comme précédent, mais que
l'histoire et la postérité justifient quelquefois, qui
expliquent, excusent, autorisent même, certaines
violences du droit.

PRINCE NAPOLÈON.

———

Aux époques de transition, et c'est là l'écueil,
lorsqu'il faut choisir entre un passé glorieux et un
avenir inconnu, les hommes audacieux et sans
scrupules se mettent seuls en avant; les autres,
plus timides et esclaves des préjugés restent dans
l'ombre, ou font obstacle au mouvement qui entraîne la société dans de nouvelles voies. C'est toujours un grand mal pour un pays en proie aux a-
gitations, quand le parti des honnêtes gens, ou celui des bons, comme l'appelle Cicéron, n'embrasse
pas les idées nouvelles pour les diriger en les mo-
dérant. De là, des divisions profondes. D'un côté,
des gens souvent sans aveu s'emparent des passions
bonnes ou mauvaises de la foule; de l'autre, les
gens honorables, immobiles ou hargneux, s'opposent à tout progrès, et suscitent, par leur résis-

tance obstinée, des impatiences légitimes et des violences regrettables. L'opposition de ces derniers, a le double inconvénient de laisser le champ libre à ceux qui valent moins qu'eux, et d'entretenir le doute dans l'esprit de cette masse flottante, qui juge les partis bien plus par l'honorabilité des hommes, que par la valeur des idées.

NAPOLÈON III.

Pour bien faire la police il faut être sans passions, se méfier des haines, écouter tout, et ne se prononcer jamais sans avoir donné à la raison le temps de revenir.

NAPOLÈON 1er.

CHAPITRE III.

RELIGION.

Le Paradis est un lieu central où les âmes de tous les hommes se rendent par des routes différentes ; chaque secte a sa route particulière.

NAPOLÈON Ier.

Tous les hommes sont égaux devant Dieu. La sagesse, les talents et les vertus, mettent seuls de la différence entre eux.

NAPOLÈON Ier.

Tout change sur la terre, tout périt. Dieu seul ne périra jamais.

NAPOLÉON Ier.

L'athéisme, principe destructeur de toute organisation sociale, ôte à l'homme toutes ses consolations et toutes ses espérances.

NAPOLÉON Ier.

C'est de Dieu que viennent tous les biens. C'est lui qui donne la victoire.

NAPOLÉON Ier.

La morale de l'évangile est celle de l'égalité, et dès lors elle est la plus favorable au gouvernement républicain. La souveraineté du peuple, la liberté, l'égalité, c'est le code de l'évangile.

NAPOLÉON Ier.

L'ascendance progressive du christianisme, n'a dépendu du succès d'aucun événement secondaire. Cette religion s'est propagée comme une doctrine qui captive, persuade, et dont rien ne peut arrêter la marche.

NAPOLÉON Ier.

La religion chrétienne est celle d'un peuple civilisé. Elle élève l'homme ; elle proclame la supériorité de l'esprit sur la matière ; de l'âme sur le corps.

NAPOLÉON Iᵉʳ.

———

De toutes les religions, il n'y en a pas qui s'adapte comme la catholique aux diverses formes de gouvernement ; qui favorise davantage en particulier le gouvernement démocratique républicain.

NAPOLÉON Iᵉʳ.

———

La religion renferme le mystère de l'ordre social, Elle rattache au ciel une idée d'égalité, qui empêche que le riche ne soit massacré par le pauvre.

NAPOLÉON Iᵉʳ.

———

La religion est une sorte d'inoculation ou de vaccine, qui, en satisfaisant notre amour du merveilleux, nous garantit des sorciers et des charlatans.

NAPOLÉON Iᵉʳ.

———

La loi de la France au point de vue catholique, c'est le Concordat avec les articles organiques.

PRINCE NAPOLÉON.

Le Concordat ne fut pas l'affirmation de telle ou telle religion ; ce fut un acte d'apaisement.

PRINCE NAPOLÉON.

En faisant intervenir la divinité dans toutes les actions de la vie, on idéalise les choses les plus vulgaires, et on apprend aux hommes, qu'aux dessus des intérêts matériels, il y a une Providence qui dirige leurs actions. Le sentiment du droit et de la justice entre dans les consciences, le serment est chose sacrée, et la vertu, cette expression la plus élevée du devoir, devient la règle générale de la vie publique et de la vie privée.

NAPOLÉON III.

Il y a eu beaucoup de républiques, de démocraties dans le monde, jamais on a vu d'Etat sans religion, sans culte, sans prêtres.

NAPOLÉON Ier.

Il est triste que le Pape soit conseillé pardes hommes qui ne prévoient pas les suites de leur rigorisme, qui ne connaissent ni les circontances ni le temps, qui ne cèdent que lorsqu'on les menace, et ôtent au peuple le mérite de tout ce qu'il fait, quand il accorde ce qu'on lui demande.

NAPOLÉON Ier.

Les Papes ne peuvent plus éxercer leurs prérogatives révoltantes, qui autrefois ont fait le malheur des peuples et la honte de l'Eglise ; mais au fond, ils n'en ont rien relaché, et encore aujonrd'hui, ils se regardent comme les maîtres du monde.

NAPOLÉON Ier.

Les Ecclésiastiques doivent se renfermer dans le gouvernement des affaires du ciel.

NAPOLÉON Ier.

Ce n'est pas le fanatisme qui est à craindre maintenant, c'est l'athéisme.

NAPOLÉON Ier.

Jésus-Christ ne serait pas Dieu sans sa couronne d'épines; c'est son martyre qui a parlé à l'imagination des peuples.

NAPOLÉON Ier.

L'homme lancé dans la vie se demande: D'où viens-je? Qui suis-je? Où vais-je? Ce sont autant de questions mystérieuses qui nous précipitent vers la religion. Nous courons au-devant d'elle; notre penchant naturel nous y porte; mais arrive l'instruction qui nous arrête. L'instruction et l'histoire, voilà les grands ennemis de la vraie religion, défigurée par les imperfections des hommes.

NAPOLÉON Ier.

Les trois religions qui ont répandu la connaissance d'un Dieu immortel, incréé, maître et créateur des hommes, sont sorties de l'Arabie. Moïse, Jésus-Christ, Mahomet sont arabes, ils sont nés à Memphis, à Nazareth et à la Mecque.

NAPOLÉON Ier.

Ce n'est pas assez de ne rien faire contre la religion, il faut encore ne donner aucune inquiétude aux consciences les plus timorées, ni aucune arme aux hommes malintentionnés.

NAPOLÉON Ier.

Ce qui touche essentiellement aux Commandements de l'Eglise, c'est de ne pas nuire à l'ordre social, c'est de ne pas faire du mal à son prochain, c'est de ne pas abuser de sa liberté.

NAPOLÉON Ier.

Sans la religion on marche continuellement dans les ténèbres. La religion catholique est la seule qui donne à l'homme des lumières certaines et infaillibles sur son principe et sa fin dernière. Nulle société ne peut éxister sans morale; il n'y a pas de bonne morale sans religion.

NAPOLÉON Iar.

Il faut distinguer dans ce qui est prescrit par le clergé, les lois véritablement religieuses et les obligations qui n'ont été imaginées, que dans la vue d'étendre l'autorité des ministres du culte.

NAPOLÉON Ier.

———

La force des ministres du culte réside dans les exhortations de la chaire et dans la confession.

NAPOLÉON Ier.

———

Tout proclame l'éxistence d'un Dieu, mais toutes nos religions sont évidemment les enfants des hommes. Pourquoi y en avait-il tant ? Pourquoi la notre n'avait-elle pas toujours éxisté ? Pourquoi ces religions se décriaient-elles, se combattaient-elles ? C'est que les hommes sont toujours les hommes ; c'est que les prêtres ont toujours partout glissé la fraude et le mensonge.

NAPOLÉON Ier.

———

Les prêtres répètent sans cesse que leur règne n'est pas de ce monde, et ils se saisissent de tout ce qu'ils peuvent. Le Pape est le chef de cette religion du Ciel, et il ne s'occupe que de la terre.

NAPOLÉON Ier.

Les prêtres ont perdu sans retour leur empire, le jour où leur supériorité dans les sciences est passée à l'ordre civil.

NAPOLÉON Ier.

___

Tout prêtre qui se mêle des affaires politiques, ne mérite pas les égards qui sont dus à son caractère.

NAPOLÉON Ier.

___

Il est contraire au droit divin, d'empêcher l'homme qui a des besoins, le Dimanche comme les autres jours de la semaine, de travailler le dimanche pour gagner son pain.

NAPOLÉON Ier.

___

Dieu a fait aux hommes une obligation du travail, puisqu'il n'a permis qu'aucun des fruits de la terre, leur fut accordé sans travail.

NAPOLÉON Ier.

___

L'observance du maigre le vendredi et celle du

repos le jour du Dimanche, ne sont que des règles secondaires et très insignifiantes.

NAPOLÉON Ier.

La société ne compose pas un ordre contemplatif. Quand on jette un coup d'œil sur les diverses classes qui composent la société, on sent à quel point le repos du Dimanche est plus funeste qu'utile. On voit dans combien d'arts, dans combien de métiers, cette interruption du travail a des éffets fâcheux.

NAPOLÉON Ier.

Si Grégoire VII en réformant le Calendrier l'a rendu commun à toute l'Europe, c'est que cette réforme tenait à des idées religieuses, qu'elle n'a point été faite par une nation, mais par la puissance de l'Eglise.

NAPOLÉON Ier.

Si elle eut été sage, modérée, attachée aux principes de l'évangile, la religion romaine, n'aurait subi aucun changement en France ; mais la corruption de la monarchie avait infesté jusqu'à la classe des ministres de la religion ; l'on n'y voyait plus d'hommes d'une vie éxemplaire, d'une morale pure.

NAPOLÉON Ier.

Le sentiment religieux est si consolant, que c'est un bienfait du ciel que de le posséder.

NAPOLÉON Ier.

Si les jouissances matérielles devenaient le mobile unique de notre société, elles ne tarderaient pas à enfoncer les grandes créations de notre siècle, dans les ténèbres ou ont disparu les peuples qui ont méconnu le côté moral de la civilisation.

PRINCE NAPOLÉON.

Il n'appartient qu'aux lois religieuses de recommander le bien absolu, qui est de sa nature immuable.

NAPOLÉON Ier.

S'il était vrai que la religion ne put reposer que sur la force, un grand deuil devrait se faire dans l'âme non seulement des catholiques, mais de tous les hommes sincèrement religieux.

PRINCE NAPOLÉON.

———

Les couvents de femmes attaquent la population dans sa racine. La perte d'un état qui a dix mille femmes cloîtrées est incalculable; on pourrait tout au plus permettre les vœux à cinquante ans. A cet âge la tâche des femmes est remplie.

NAPOLÉON III.

———

CHAPITRE IV.

ARMÉE.

L'armée est une épée qui a la gloire pour poignée.

NAPOLÉON III.

———

L'histoire du peuple est en grande partie l'histoire des armées.

NAPOLÉON III.

———

La guerre est un jeu sérieux dans lequel on compromet sa réputation, ses troupes et son pays.

Quant on est raisonnable, on doit se sentir et connaître si l'on est fait pour le métier.

Napoléon Iᵉʳ.

Le gain des batailles n'est pas tout ; c'est à la poursuite de l'ennemi vaincu, c'est à la manière dont ils savent tirer parti de la victoire, que l'on juge les vrais vainqueurs.

Prince Napoléon.

C'est un principe de guerre, que lorsqu'on peut se servir de la foudre, il la faut préférer au canon.

Napoléon Iᵉʳ.

Ce n'est pas avec un grand nombre de troupes, mais avec des troupes bien ordonnées, que l'on obtient des succès à la guerre.

Napoléon III.

Les premières qualités du soldat sont la constance et la discipline ; la valeur n'est que la seconde.

Napoléon Iᵉʳ.

Les masses, sans organisation, ne sont rien :
disciplinées, elles sont tout.

NAPOLÉON III.

Il faut, à la guerre, profiter de toutes les occasions, car la fortune est femme ; si vous la man-
quez aujourd'hui, ne vous attendez pas à la retrouver
demain.

NAPOLÉON Ier.

Il faut que l'armée regarde le déshonneur comme plus affreux que la mort.

NAPOLÉON Ier.

Au commencemens d'une campagne, il faut bien
méditer si l'on doit ou non avancer. Mais quand
on a effectué l'offensive, il faut la soutenir jusqu'à la dernière extrémité.

NAPOLÉON Ier.

La première qualité d'un général en chef est
d'avoir une tête froide, qui reçoive l'impression

juste des objets, qui ne s'échauffe jamais, ne se laisse pas éblouir, enivrer par les bonnes ou mauvaises nouvelles ; que les sensations successivement simultanées qu'il reçoit dans le cours d'une journée, s'y classent et n'occupent juste que la place qu'elles méritent d'occuper, car le bon sens, la raison, sont le résultat de la comparaison de plusieurs sensations prises en égale considération.

NAPOLÉON Ier.

La discipline lie les troupes à leurs drapeaux. Ce ne sont pas des harangues, au moment du feu, qui les rendent braves ; les vieux soldats les écoutent à peine, les jeunes les oublient au premier coup de canon.

NAPOLÉON Ier.

L'armée est une oganisation qui, devant éxécuter aveuglement et avec promptitude l'ordre du chef, doit avoir pour base une hiérarchie qui part d'en haut.

NAPOLÉON III.

L'art de la guerre ne s'apprend ni dans les livres, ni par l'habitude. C'est un tact de conduite qui proprement constitue le génie de la guerre.

NAPOLÉON Ier.

L'art de la guerre consiste, avec une armée inférieure, à avoir toujours plus de forces que son ennemi, sur le point qu'on attaque, ou qui est attaqué.

NAPOLÉON Ier.

La baïonnette a toujours été l'arme du brave et le principal instrument de la victoire ; c'est surtout celle qui convient aux soldats français.

NAPOLÉON Ier.

Tout homme qui estime la vie plus que la gloire nationale et que l'estime de ses camarades, ne doit pas faire partie de l'armée française.

NAPOLÉON Ier.

La guerre est comme le gouvernement, c'est une affaire de tact.

NAPOLÉON Ier.

Tout est soldat, en France, quand il s'agit de l'honneur national et de la liberté.

NAPOLÉON Ier.

Si la bravoure est la première qualité du soldat, la constance est la seconde.

NAPOLÉON Ier.

Les retraites sont plus désastreuses, coùtent plus d'hommes et de matériel, que les affaires les plus sanglantes.

NAPOLÉON Ier.

Le soldat Français a pour ses drapeaux un sentiment qui tient de la tendresse. Ils sont l'objet de son culte, comme un présent reçu des mains d'une maitresse.

NAPOLÉON Ier.

La guerre cruelle pour les peuples, à des résultats terribles pour les vaincus.

NAPOLÉON Ier.

L'esprit militaire n'est dangereux qu'autant qu'il est l'apanage exclusif d'une caste.

Napoléon III.

Si la guerre est le fléau de l'humanité, ce fléau perd une partie de sa malheureuse influence, quand la force des armes est appelée à fonder au lieu de détruire.

Napoléon III.

Tous les exemples de batailles prouvent que le succès ne dépend pas du nombre des troupes présentes, mais seulement de celles qu'on peut faire agir.

Napoléon III.

L'organisation militaire réflète toujours l'état de la société, et là où il n'y a pas de peuple, il n'y a pas d'infanterie.

Napoléon III.

Il n'est donné ni à l'homme le plus éminent de

créer en un jour une armée, ni à l'insurrection populaire la plus générale, de former tout à coup une nation.

NAPOLÉON III.

La plus grande difficulté qu'éprouve le chef d'une armée opérant dans un pays dont il veut se concilier l'esprit, est d'y faire vivre ses troupes sans l'épuiser, et d'assurer le bien être de ses soldats, sans éxciter le mécontentement des habitants.

NAPOLÉON III.

Les guerres entreprises d'acord avec le sentiment traditionnel d'un pays, ont seules le privilège de remuer profondément la fibre populaire, et l'importance d'une victoire, se mesure à la grandeur du désastre qu'aurait entraîné une défaite.

NAPOLÉON III.

Il n'est qu'une manière honorable d'être fait prisonnier de guerre, c'est d'être pris isolément les armes à la main, et lorsque l'on ne peut plus s'en servir. C'est ainsi que furent pris François Iᵉʳ, le Roi Jean, et tant de braves de toutes les nations.

NAPOLÉON Iᵉʳ.

La politique est parfaitement d'accord avec la morale pour s'opposer au pillage. Le pillage n'est pas dans les mœurs Françaises. Le cœur de nos soldats n'est pas mauvais, le premier moment de fureur passé il revient à lui-même. Il serait impossible à des soldats Français de piller pendant vingt-quatre heures. Beaucoup emploieraient les derniers moments, à réparer les maux qu'ils auraient faits d'abord.

NAPOLÉON Iᵉʳ.

Il n'y a que des moyens politiques et moraux qui puissent maintenir les peuples conquis.

NAPOLÉON Iᵉʳ.

Dans l'organisation militaire de la Suisse, il y a plusieurs classifications, mais toutes partant de la

même source, elles ont le même but ; il y a émulation entre les corps organisés et non rivalité.

NAPOLÉON III.

———

CHAPITRE V.

COMMERCE. — INDUSTRIE.

La Halle est le Louvre du peuple.

NAPOLÉON Ier.

————

Il faut que les capitaux se gagnent par un travail sérieux, par le temps et, non par des spéculations.

PRINCE NAPOLÉON.

————

La banqueroute de l'Etat, entraîne presque toujours celle des particuliers.

NAPOLÉON Ier.

————

Les Finances fondées sur une bonne agriculture ne se détruisent jamais.

Napoléon Ier.

———

Plus les citoyens travaillent, et moins il y a de vices. Plus ils se procurent avec abondance la subsistance qui leur est nécessaire, plus ils satisfont au besoin des organes et au vœu de la nature.

Napoléon Ier.

———

Le commerce n'éxiste que par la confiance. Il n'y a pas de confiance sous un gouvernement faible ; il n'y a point de confiance dans un pays où il y a des factions.

Napoléon Ier.

———

La sécurité est le premier besoin de toute société, c'est elle qui, en inspirant la confiance, anime le travail et amène le bien être.

Prince Napoléon.

———

L'esprit de propriété est par lui-même envahissant et exclusif.

NAPOLÉON III.

Le prélèvement de l'impôt peut se comparer à l'action du soleil, qui absorbe les vapeurs de la terre pour les repartir ensuite à l'état de pluies, sur tous les lieux qui ont besoin d'eau, pour être fécondés et pour produire.

NAPOLÉON III.

Tous les peuples ont besoin les uns des autres.

NAPOLÉON Ier.

Une nation ne forme pas un tout isolé ; tous les peuples tendent à être unis au point de vue industriel, par un lien de solidarité.

PRINCE NAPOLÈON

L'honneur montre au peuple le chemin qu'il doit suivre ; il peut presque toujours se traduire en avantages positifs, palpables, en question de tarifs.

NAPOLÉON III.

———————

Il ne faut pas se faire illusion sur les consé-
quances de la liberté restreinte. Quelle est la
grande idée que les classes privilégiées auraient
inspirée, ni même acceptée? est-ce la liberté com-
merciale?

PRINCE NAPOLÉON.

———————

Si l'industrie, substituant la machine aux bras
de l'homme, lui permet de relever le front que
courbait un pénible labeur, c'est pour qu'il puisse
porter ses regards et plus loin, et plus haut.

PRINCE NAPOLÉON.

———————

Plus le monde se perfectionne, plus les barrières
qui divisent les hommes s'élargissent, plus il y a
de pays que les mêmes intérêts tendent à réunir.

NAPOLÉON III.

———————

L'élément indispensable de la richesse des nations, l'industrie, doit être étendue dans son action, tout en étant limité dans ses éffets oppressifs.

NAPOLÉON III.

Le premier intérêt d'un pays ne consiste pas dans le bon marché des objets manufacturés, mais dans l'alimentation du travail.

NAPOLÉON III.

Aujourd'hui, c'est par le perfectionnement de l'industrie, par les conquêtes du commerce, qu'il faut lutter avec le monde entier.

NAPOLÉON III.

Si la France se laisse trop souvent devancer dans la réalisation des idées que son génie fait éclore, elle leur donne, quand elle les applique, un caractère particulier qui les élève et les grandit.

PRINCE NAPOLÉON.

Le degré de civilisation d'un pays se révèle par les progrès de l'industrie, comme par ceux des sciences et des arts.

Napoléon III.

Les âpres rivalités, les haines internationales, naissent de l'isolement ; il suffit souvent de rapprocher les peuples pour éteindre les haines.

Prince Napoléon.

La richesse d'un pays est comme un fleuve : si l'on prend les eaux à sa source, on le tarit ; si on les prend au contraire lorsque le fleuve a grandi, on peut en détourner une grande masse sans altérer son cours.

Napoléon III.

Le véritable promoteur des progrès industriels, le meilleur juge, c'est le consommateur.

Prince Napoléon.

La France a son domaine propre, le goût, où

nul n'a pu encore l'égaler. Nous importons des machines, et nous parvenons toujours à les imiter, souvent même à les perfectionner ; mais quand l'étranger veut produire ces œuvres auxquelles le goût donne leur plus grande valeur, il est forcé de faire appel au génie français, en prenant nos artistes et nos ouvriers.

PRINCE NAPOLÉON.

———

Les magistrats sont heureux d'avoir à gouverner des hommes laborieux ; le travail assure à la fois le repos de la société et le bonheur de l'individu.

NAPOLÉON Ier.

———

Les expositions collectives d'expériences et de faits ouvrent la voie aux perfectionnements.

PRINCE NAPOLÉON.

———

Les échanges internationaux sont une nécessité dont il faut faciliter le développement.

PRINCE NAPOLÉON.

Chaque contrée est douée d'une production naturelle ou spéciale, qui lui assigne une place particulière dans le travail humain, et la rend utile à toutes les autres.

PRINCE NAPOLÉON.

Le perfectionnement des méthodes et des instruments de travail généralise le progrès.

PRINCE NAPOLÉON.

Il est un instinct qui sera toujours plus puissant que tous les encouragements et qui est continuellement en jeu, c'est celui qui pousse l'homme à augmenter son bien-être.

PRINCE NAPOLÉON.

Ce sont les besoins généraux qui provoquent les progrès industriels.

PRINCE NAPOLÉON.

En rassemblant sur un même point toutes les forces vives de l'humanité, et en leur présentant

un immense champ d'études, les Expositions ont
donné une impulsion énorme à l'esprit de décou-
verte, et formé des liens utiles au progrès général.

PRINCE NAPOLÉON.

———

La guerre et le commerce ont civilisé le monde !
la guerre à fait son temps, le commerce seul pour-
suit aujourd'hui ses conquêtes.

NAPOLÉON III.

———

Le besoin de l'uniformité des poids et mesures
a été senti dans tous les temps.

NAPOLÉON Ier.

———

Le crédit est le côté moral des intérêts matériels ;
c'est l'esprit qui anime le corps.

NAPOLÉON III.

———

Un bon système de comptabilité est le complément indispensable d'un bon système de Finances.

NAPOLÉON III.

Pour que l'impôt ne soit pas une charge, il faut que tous aient confiance dans la stabilité du gouvernement.

NAPOLÉON III.

Jusques dans la cabane d'un charbonnier on peut faire de l'architecture. L'unité, le bel arrangement et la méthode, sont des conditions sans lesquelles, en architecture ainsi qu'en affaires, rien ne peut être beau et imposant.

NAPOLÉON Ier.

Les sciences qui honorent l'esprit humain, les arts qui embellissent la vie et transmettent les grandes actions à la postérité, doivent être spécialement honorés dans les gouvernements libres.

NAPOLÉON Ier.

De toutes les sciences, l'astronomie est celle qui a été la plus utile à la raison et au commerce.

NAPOLÉON Ier.

CHAPITRE VI.

PHILOSOPHIE

Quand les sociétés ne subissent pas ces bouleversements qui compromettent leur éxistence pour
changer de chef seulement, elles s'ébranlent pour
changer de système, pour guérir leurs souffrances ;
elles réclament impérieusement le prix de leurs
éfforts, et ne se calment que lorsqu'elles l'ont
obtenu.

Napoléon III.

Plus des années s'écoulent avant qu'un peuple
mette la main sur les endroits de ses blessures,
plus les griefs réels semblent faciles à proclamer,

plus les esprits s'élancent dans le mysticisme des théories.

Napoléon III.

Les hommes sont impuissants pour assurer l'avenir, les institutions seules fixent les destinées des nations.

Napoléon Ier.

En politique comme en physique, les corps ne s'attirent et ne se séparent, que par une affinité ou une répulsion naturelle.

Napoléon III.

Le cœur d'un homme d'Etat doit être dans sa tête.

Napoléon Ier.

Quoi qu'en disent les misanthropes, les ingrats et les pervers forment une exception dans l'espèce humaine.

Napolèon Ier.

La liberté suivra la même marche que la religion chrétienne.

NAPOLÉON III.

Esclave des souvenirs de son enfance, l'homme obéit toute sa vie, sans s'en douter, aux impressions qu'il a reçues dans son jeune âge, aux épreuves et aux influences auxquelles il a été en butte.

NAPOLÉON III.

Les hommes ont eu, dans tous les temps, les mêmes passions. Les mêmes causes qui produisent les grands changements sont différentes, mais les éffets sont souvent les mêmes.

NAPOLÉON III.

La générosité est toujours la meilleure conseillère.

NAPOLÉON III.

Les périls réunissent, la sécurité divise.

NAPOLÉON III.

Les grandes vérités sanctionnées par l'histoire des peuples sont toujours utiles à proclamer.

NAPOLÉON III.

Les améliorations ne s'improvisent pas ; elles naissent de celles qui les précèdent. Comme l'espèce humaine, elles ont une filiation qui nous permet de mesurer l'étendue du progrès possible, et de le séparer des utopies.

NAPOLÉON III.

Quel est le progrès qui, pour être accepté, n'ait dû malheureusement être arrosé de sang ?

L'établissement du monde romain, puis sa chûte. Le christianisme dont le fondateur a répandu volontairement son sang sur la Croix. Dans les temps modernes, l'établissement de la Réforme : l'émancipation de l'Amérique.

PRINCE NAPOLÉON.

C'est une grande et sainte mission, bien digne d'exciter l'ambition des hommes, que celle qui

consiste à apaiser les haines, à guérir les blessures, à calmer les souffrances de l'humanité, en
réunissant les citoyens d'un même pays dans un
intérêt commun, et en accélérant un avenir que
la civilisation doit amener tôt ou tard.

NAPOLÉON III.

Le travail qui crée l'aisance et l'aisance qui
console, voilà la véritable base de la prospérité
d'un pays.

NAPOLÉON III.

La paix et l'ordre ont surtout pour éffet d'améliorer la situation des classes laborieuses.

NAPOLÉON III.

Depuis que le monde éxiste, le progrès a toujours eu lieu.

NAPOLÉON III.

Le progrés ne disparaît jamais.

NAPOLÉON III.

Les excitations que produisent les intérêts ma.

tériels sont insuffisantes, elle ne peuvent pas satisfaire aux besoins moraux et élevés du pays.

PRINCE NAPOLÉON.

L'historien doit être plus qu'un peintre ; il doit, comme le géologue qui explique les phénomènes du globe, découvrir le secret de la transformation des sociétés.

NAPOLÉON III.

Fidèle dans le chemin de l'honneur comme dans celui de la victoire, le soldat français n'est terible que pour les ennemis de sa liberté et de son gouvernement.

NAPOLÉON Ier.

La stabilité fait seule le bonheur d'un peuple.

NAPOLÉON III.

L'injustice n'a jamais raffermi un trône.

NAPOLÉON III.

L'art le plus difficile n'est pas de choisir les

hommes, mais de donner aux hommes qu'on a choisis toute la valeur qu'ils peuvent avoir.

NAPOLÉON Ier.

Pour être digne de créer l'henthousiasme, il faut avoir des principes arrêtés, choisir une ban-nière et vaincre ou mourir avec elle.

NAPOLÉON III.

Les Français sont frondeurs, turbulents. Leur légereté est tellement naturelle qu'on ne peut pas dire qu'elle les déshonore ; ce sont de vrais gi-rouettes au gré du vent, seulement ce vice chez eux, est sans calcul, c'est leur meilleure excuse.

NAPOLÉON Ier.

Il est, dans le caractère français, d'éxagérer, de se plaindre, et de tout défigurer dès qu'on est mécontent.

NAPOLÈON Ier.

La morale publique est fondée sur la justice

qui, bien loin d'exclure l'énergie n'en est, au contraire, que le résultat.

NAPOLÈON Ier.

Le vrai caractère perce toujours dans les grandes circonstances. Il ne faut pas s'y méprendre ; il est des dormeurs dont le réveil est terrible. Kléber était d'habitude un endormi, mais dans l'occasion, et toujours au besoin, il avait le réveil du lion.

NAPOLÈON Ier.

Il faut toujours se conduire par le raisonnement et le calcul. Il faut savoir compter ses peines, ses sacrifices, ses jouissances, pour arriver à un résultat, de même qu'on additionne ou qu'on soustrait tout ce qui se calcule. La raison, la logique, un résultat, doivent être les mobiles et le but constant de tout ici-bas.

NAPOLÈON Ier.

Le patriotisme peut consister dans l'abnégation comme dans la persévérance.

NAPOLÈON III.

La gloire et le bonheur du citoyen doivent se taire, quand l'intérêt de l'Etat le veut.

NAPOLÉON Ier.

Le sort commun à toute nouvelle vérité qui surgit, est d'éffrayer au lieu de séduire, de blésser au lieu de convaincre.

NAPOLÉON III.

Le comble de l'inconséquence, est de prêter à un grand génie, toutes les faiblesses de la médiocrité.

NAPOLÉON III.

En étouffant les plaintes, on ne guérit pas les maux.

NAPOLÉON III.

Tous les grands événements ne tiennent qu'à un cheveu. L'homme habile profite de tout, ne néglige rien de ce qui peut lui donner quelques chances de plus. L'homme moins habile, quelquefois en en méprisant une seule, fait tout manquer.

NAPOLÈON Ier.

5

L'amour de la patrie est la première vertu de l'homme civilisé.

NAPOLÈON Ier.

L'histoire n'est pas de la métaphysique ; on ne peut pas l'écrire d'imagination, il faut d'abord l'apprendre.

NAPOLÈON Ier.

Quand les gouvernants repoussent les vœux légitimes du peuple et les idées vraies, les factieux alors s'en emparent comme d'une arme puissante, pour servir leurs passions et leurs intérêts personnels.

NAPOLÈON III.

Un Etat s'affaiblit souvent par l'éxagération du principe sur lequel il repose.

NAPOLÈON III.

Un parti, comme une armée, ne peut vaincre qu'avec un chef digne de le commander.

NAPOLÈON III.

La tendance des révolutions est de ramener toujours le progrès parmi les gouvernants.

NAPOLÉON III.

Les peuples ont tous quelque chose de commun c'est le besoin de perfectionnement ; ils ont chacun quelque chose de particulier, c'est ce genre de malaise qui paralyse leurs éfforts.

NAPOLÉON III.

Il est contre le droit des gens et contre les principes de la révolution, de refuser de donner asile à des hommes persécutés.

NAPOLÉON Ier.

L'histoire peint le cœur humain. C'est dans l'histoire qu'il faut chercher les avantages et les inconvénients des différentes législations.

NAPOLÉON Ier.

La perversité, quelque habile qu'elle soit, a tort

de se vanter de ses victoires passagères, car en dernier lieu, c'est la justice seule qui triomphe.

NAPOLÉON III.

On ne viole pas impunément la logique populaire.

NAPOLÉON III.

Les grands hommes ont cela de commun avec la divinité qu'ils ne meurent jamais tout entiers. Leur esprit leur survit, et l'idée Napoléonnienne à jailli du tambeau de St-Hélène, de même que la morale de l'évangile s'est élevée triomphante malgré le supplice du Calvaire.

NAPOLÉON III.

Sans armée, sans force, sans discipline, il n'est ni indépendance politique, ni liberté civile.

NAPOLÈON Ier

Quand un peuple entier est armé et veut défendre sa liberté, il est invincible.

NAPOLÈON Ier

Les qualités militaires ne sont nécéssaires que
dans quelques circonstances ; les vertus civiles,
qui caractèrisent le vrai magistrat, ont une influence de tous les moments sur la félicilé publique.

Napolèon I^{fr}.

Quand il sera prouvé qu'une nation peut vivre
sans pain, alors on pourra croire que les Français
peuvent vivre sans gloire.

Napolèon Ier.

L'Amélioration des sociétés marche sans cesse
malgré les obstacles ; elle ne connaît de limites
que celles du monde.

Napolèon III.

La vie des peuples se compose de drames com-
plets et d'actes isolés. Lorsqu'on embrasse dans
leur ensemble les événements du drame, on décou-
vre la raison de tous les faits, le lien de toutes le
idées, la cause de tous les changements, mais si
l'on ne considère que les actes partiels, ces grandes convulsions sociales n'apparaissent que com-

me l'éffet du hasard et de l'inconséquence humaine.

NAPOLÈON III.

Le don le plus funeste que la Providence puisse faire à un gouvernement qui lutte contre l'esprit national, c'est de lui accorder les faciles victoires. Son triomphe l'enivre et il prend pour un symptôme de force, ce qui n'est qu'une faveur passagère de la fortune.

NAPOLÈON III.

Une lutte ne peut se soutenir qu'à armes égales, et lorsque dans le tourbillon des révolutions, le vice et la vertu, la vérité et l'érreur se confondent par leur emportement mutuel, ce n'est que par les passions généreuses de l'âme, qu'on dompte les passions haineuses des partis.

NAPOLÉON III.

La force est toujours la force, l'enthousiasme n'est que l'enthousiasme, mais la persuasion reste et se grave dans les cœurs.

NAPOLÈON 1er.

Les vraies conquêtes, les seules qui ne donnent aucun regret, sont celles que l'on fait sur l'ignorance.

NAPOLÈON Ier.

———

L'homme découragé reste indécis, parcequ'il ne voit devant lui que de mauvais partis, et ce qu'il y a de pire dans les affaires, c'est l'indécision.

NAPOLÉON Ier.

———

La politique craintive est la pire de toutes; elle donne du courage à ceux qu'on devait intimider.

NAPOLÉON III.

———

Quelques mois ne font pas d'un peuple imbu des vertus du soldat et du laboureur, un peuple ennemi de la religion, de l'ordre et de la propriété.

NAPOLÉON III.

———

Pour les affaires publiques, administratives et militaires, il faut une forte pensée, une analyse profonde, et la faculté de pouvoir fixer longtemps les objets sans être fatigué.

NAPOLÉON Ier.

Napoléon est mort, mais son esprit lui survivra ;
il conduira pendant de longues années les idées du
monde ; sa mémoire éclairera les générations futures.

PRINCE NAPOLÉON

La pensée de Napoléon à Sainte-Hélène est une
pensée d'émancipation pour l'humanité, de progrès
démocratique, d'application des grands principes
de notre révolution. Tels les derniers rayons du
soleil couchant derrière l'immensité de l'océan
éclairent le ciel, telle la pensée de Napoléon Ier éclaire l'avenir. Sa croyance, ses conseils suprêmes ont
été dirigés vers l'émancipation des peuples, et leur
liberté.

PRINCE NAPOLÉON.

· Napoléon Ier a écrit dans son éxil de Sainte-Hélène pour la postérité ; il s'est résumé dans ses é-
tudes avec ce style concis, imagé, qui est l'homme
tout entier, et qui prouve bien qu'il parlait comme
il agissait, d'une seule et même ame.

PRINCE NAPOLÉON.

Rien ne signale mieux l'état de malaise d'une société que lorsque un incident imprévu et légér en lui-même, vient tout-à-coup éveiller tous les **esprits, éxalter toutes les passions,** et amener des résultats que dans des temps ordinaires, les plus grands évènements seuls, seraient capables de produire.

Napoléon III.

Les premiers besoins d'un pays sont l'indépendance, la liberté, la stabilité, la suprématie du mérite et l'aisance également répandue.

Napoléon III.

En France les masses ne sont pas révolutionnaires par nature ; lorsqu'on bâtit avec elles on bâtit solidement.

Napoléon III.

Heureux le peuple qui par son énergie, a su secouer le joug étranger.

Napoléon III.

Il est impossible de reconnaître un système bon pour tous les peuples. Vouloir étendre indistinctement la même forme gouvernementale sur tous, est une idée fausse et malheureuse,

Napoléon III.

———

Dans tous les pays, la force cède aux qualités civiles. Les baïonnettes se baissent devant le prêtre qui parle au nom du ciel, et devant l'homme qui impose par sa science.

Napoléon Ier.

———

Suivant les besoins du moment, les hommes tournent leurs regards ou vers le passé, ou vers l'éxemple d'un peuple étranger.

Napoléon III.

———

On cède plus facilement à la volonté d'un peuple qu'à une coalition souvent négative.

Prince Napoléon.

———

Les grands hommes utiles à leur temps sont aussi

les précurseurs de l'avenir. Ils prévoient, ils éclairent les destinées de l'humanité, semblables à la foudre qui, dans les orages, éclaire subitement des paysages obscurs.

PRINCE NAPOLÉON.

C'est dans les temps difficiles que les grandes nations, comme les grands hommes, déploient toute l'énergie de leur caractère, et deviennent un objet d'admiration pour la postérité.

NAPOLÈON Ier.

Pendant les quinze ans du règne de Napoléon, la France a été éblouissante de pouvoir, de grandeur et de gloire.

PRINCE NAPOLÉON.

Il est dans la destinée de la France d'ébranler le monde lorsqu'elle se remue, de le calmer lorsqu'elle se modère.

NAPOLÉON III.

Les générations qui se succèdent participent toujours des mêmes éléments.

NAPOLÉON III.

———————

L'époque où nous vivons est faite pour développer les facultés, comme pour encourager tous les amours-propres.

NAPOLÉON III.

———————

Ce qui distingue les grands hommes, ce qui enflamme leur ambition, ce qui les rend absolus dans leur volonté, c'est l'amour de la vérité qu'eux seuls croient connaître.

NAPOLÉON III.

———————

Les grands hommes ont toujours une grande influence sur les générations qui les suivent, quoique cette influence soit souvent niée et combattue.

NAPOLÉON III.

———————

L'influence d'un grand génie est un fluide qui se répand comme l'électricité, éxalte les imaginations, fait palpiter les cœurs, et entraine parce qu'elle touche l'âme avant que de persuader.

NAPOLÉON III.

Quand on a une âme qui sent fortement, on est destiné à passer ses jours dans l'accablement de son inaction, ou dans les convulsions des situations douloureuses.

NAPOLÉON III.

Un fait malheureux se retrouve à chaque page de l'histoire, c'est que plus les maux d'une société sont réels et patents, plus une minorité aveugle se lance dans le mysticisme des théories.

NAPOLÉON III.

Ce qui donne une force irrésistible même au mortel le plus humble, c'est d'avoir devant lui un **grand** but à atteindre, et derrière lui une grande cause à **défendre**.

NAPOLÉON III.

Le meilleur moyen de réduire à l'impuissance ce qui est dangereux et faux, c'est d'accepter ce qui est vraiment bon et utile.

NAPOLÈON III.

On ne peut atteindre l'opinion avec de l'artillerie ; il faut la gagner par la justice et l'équité ; elle ne résiste pas à ces deux puissances. Il faut se résigner, on ne la mettra jamais en prison, et, en la comprimant, on l'éxaspère.

NAPOLÉON Ier.

L'opinion publique est une puissance invisible, mystérieuse, à laquelle rien ne résiste. Rien n'est plus mobile, plus vague et plus fort ; et, toute capricieuse qu'elle est, elle est cependant vraie, raisonnable, juste, beaucoup plus souvent qu'on ne pense.

NAPOLÉON Ier.

Il faut pour les hommes un jour favorable comme pour les tableaux. En général, ce sont les circonstances qui font les hommes.

NAPOLÉON Ier.

Tout ce qui est honnête doit pouvoir se dire tout haut.

PRINCE NAPOLÈON.

———

Un homme véritablement homme ne haït pas ; sa colère et sa mauvaise humeur ne vont pas au-delà de la minute, le coup électrique. L'homme fait pour les affaires et l'autorité ne voit point les personnes ; il ne voit que les choses, leur poids et leurs conséquences.

NAPOLÉON Ier.

———

La vérité perce les nuages; elle brille comme le soleil ; comme lui, elle est impérissable.

NAPOLÉON Ier.

———

Le mensonge passe, la vérité reste. Les gens sages, la postérité surtout, ne jugent que sur des faits.

NAPOLÉON Ier.

———

Les malheurs ont aussi leur héroïsme et leur gloire.

NAPOLÉON Ier.

On peut regretter ce que l'on a perdu, sans se repentir de ce qu'on a fait.

Napolèon III.

———

Un grand homme n'a pas les vues étroites et les faiblesses que lui prête le vulgaire.

Napoléon III.

———

La nature n'est pas stationnaire ; les institutions vieillissent, tandis que le genre humain se rajeunit sans-cesse.

Napoléon III.

———

Pour un peuple l'honneur, comme à l'individu la morale évangélique, sont toujours les meilleurs guides et les meilleurs conseillers, au milieu des embarras et des périls de la vie.

Napoléon III.

Il n'est pas de grandes actions qui soient l'œuvre du hasard et de la fortune ; elles dérivent toujours de la combinaison et du génie. Rarement

on voit échouer les grands hommes dans leurs entreprises les plus périlleuses.

NAPOLÉON Ier.

———

Rarement les grandes entreprises réussissent du
premier coup ; on dirait qu'il faut qu'elles s'aiguisent d'abord contre les obstacles de tout genre.

NAPOLÉON III.

———

Dans le malheur, il n'y qu'un devoir qui do-
mine tous les autres, et ce devoir, c'est de rester
unis.

PRINCE NAPOLÉON.

———

Lorsqu'on a plus de devoirs que de droits, une
abdication est une désertion.

PRINCE NAPOLÉON.

———

Le drapeau de la révolution abrite seul, depuis
près d'un siécle le génie, la gloire et les douleurs
de la France ; c'est lui qui doit nous guider vers
un avenir vraiment démocratique.

PRINCE NAPOLÉON.

Il n'est pas donné à un homme, malgré son génie et sa puissance, de soulever à son gré les flots populaires ; cependant, quand, désigné par la voix publique, il apparaît au milieu de la tempête qui met en péril le vaisseau de l'Etat, lui seul alors peut diriger sa course et le conduire au port.

Napoléon III.

———

Un chef ne manque jamais de se révéler lorsque éclate un grand mouvement national.

Napoléon III.

———

Aux époques de transition, les liens moraux se relâchent, le goût du luxe et l'amour éffréné de l'argent gagnent toutes les classes.

Napoléon III.

———

Lorsque la Providence suscite des hommes tels que César, Charlemagne, Napoléon, c'est pour tracer aux peuples la voie qu'ils doivent suivre, marquer du sceau de leur génie une ère nouvelle, et accomplir, en quelques années, le travail de plusieurs siècles.

NAPOLÉON III.

———

Pourquoi faut-il que, chez des hommes supérieurs, mais sans convictions, le talent ne serve trop souvent qu'à soutenir avec la même facilité, les causes les plus opposées.

NAPOLÉON III.

———

Quelque ambitieux que soit un homme, il ne conspire pas lorsqu'il peut atteindre son but par des moyens légaux.

NAPOLÉON III.

———

Il est triste de voir l'accomplissement de grandes choses, entravé souvent par les petites passions d'hommes à courte vue, qui ne connaissent le monde que dans le cercle étroit où il vivent renfermés.

NAPOLÉON Ier.

———

Ne cherchons pas sans cesse de petites passions

dans de grandes âmes. Les succès des hommes
supérieurs, et c'est une pensée consolante, tient
plutôt à l'élévation de leurs sentiments qu'aux spéculations de l'égoïsme et de la ruse ; ce succès
dépend bien plus de leur habileté à profiter des
circonstances, que de cette présomption assez aveugle, pour se croire capable de faire naître les évènements, qui sont dans la main de Dieu seul.

Napoléon III.

Ce sont les grands principes, les nobles passions
tels que la loyauté et le désintéressement, qui sau-
vent les sociétés, et non les spéculations de la
force et du hasard.

Napoléon III.

Attribuer à des évènements secondaires la chûte
des Empires, c'est prendre pour la cause du péril,
ce qui n'a servi qu'à le déclarer.

Napoléon III.

Si le progrês est incontestable dans l'ordre scientifique et industriel, il en est de même dans l'ordre politique.

PRINCE NAPOLÉON.

La morale publique est le complément naturel de toutes les lois ; elle est, à elle seule, tout un code.

NAPOLÉON Ier.

La morale politique est fondée sur la justice, qui, bien loin d'exclure l'énergie, n'en est au contraire que le résultat.

NAPOLÉON Ier.

Le vrai bonheur social réside dans l'ordre régulier possible, dans l'harmonie des jouissances relatives de chacun.

NAPOLÉON Ier.

De toute convulsion politique jaillit une idée morale, progressive, civilisatrice.

NAPOLÉON III.

Il faut plaindre les peuples qui veulent récolter

avant d'avoir labouré le champ, ensemencé la terre, et donné à la plante le temps de germer, d'éclore et de mûrir.

NAPOLÉON III.

Il faut, dans un grand pays, un centre qui soit le principe de la prospérité, comme le cœur est le principe de la vie dans le corps humain.

NAPOLÉON III.

Lorsque des idées qui ont gouverné le monde pendant de longues périodes perdent, par la transformation nécessaire des siècles, de leur force et de leur empire, il en surgit de nouvelles, destinées à remplacer celles qui les précèdent.

NAPOLÈON III.

La paix est l'accord résultant de difficultés applanies, d'intérêts opposés, satisfaits : c'est la sécurité la plus complète régnant dans la société.

NAPOLÈON III.

La grande difficulté des révolutions, est d'éviter la confusion dans les idées populaires.

NAPOLÈON III.

———

Une loi doit avoir pour bases, la logique et les circonstances politiques sous l'influence desquelles elle a à fonctionner. Quand ces deux principes se trouvent en opposition, on ne peut faire que des mauvaises lois, éssentiellement transitoires.

PRINCE NAPOLÉON.

———

Une érreur fatale est de croire qu'il suffise d'une déclaration de principes, pour constituer un nouvel ordre de choses.

NAPOLÉON III.

———

A la naissance d'une société nouvelle, c'est le législateur qui fait les mœurs ou qui les corrige, tandis que plus tard, ce sont les mœurs qui font les lois, ou qui les conservent intactes d'âge en âge.

NAPOLÉON III.

———

Le génie de notre époque n'a besoin que de la

simple raison ; il y a trente ans il fallait deviner et préparer, maintenant il ne s'agit que de voir juste et de recueillir.

NAPOLÉON III.

Lorsque, au milieu de la prospérité générale, surgissent des utopies dangereuses, sans racines dans le pays, le plus simple emploi de la force les fait disparaître ; mais, au contraire, lorsqu'une société, profondément travaillée par des besoins réels et impérieux, éxige des réformes, le succès de la répression la plus violente n'est que momentané : les idées comprimées reparaissent sans cesse, et, comme l'hydre de la fable, pour une tête abattue, cent autres renaissent.

NAPOLÉON III.

Il faut aux grandes causes une figure historique qui personnifie leurs intérêts et leurs tendances. L'homme une fois adopté, on oublie ses défauts, ses crimes mêmes, pour ne se souvenir que de ses grandes actions.

NAPOLÉON III.

Il éxiste, on le dirait, dans l'ordre moral ainsi, que dans l'ordre physique, une loi suprême qui assigne aux institutions, comme à certains êtres, une limite fatale, marquée par le terme de leur utilité. Tant que ce terme providentiel n'est pas arrivé, rien d'opposé ne prévaut : les complots, les révoltes, tout échoue contre la force irrésistible qui maintient ce qu'on voudrait renverser ; mais si, au contraire, un état de choses, inébranlable en apparence, cesse d'être utile aux progrès de l'humanité, alors ni l'empire des traditions, ni le courage, ni le souvenir d'un passé glorieux, ne peuvent retarder d'un jour la chute décidée par le destin.

NAPOLÉON III.

La décadence d'un corps politique est évidente lorsque, au lieu de venir de son initiative prévoyante, les mesures les plus utiles à la gloire du pays sont provoquées par des hommes obscurs et souvent décriés, organes fidèles, mais flétris, de l'opinion publique.

NAPOLÉON III.

6

Souvent, dans les occasions difficiles, l'instinct du peuple voit plus juste qu'une assemblée, préoccupée d'intérêts de caste ou de personnes.

NAPOLÈON III.

Il n'y a pas d'homme d'état qui puisse avoir une politique immuable dans tous ses détails.

PRINCE NAPOLÈON.

Dans toutes les luttes politiques, Il se produit des éxemples fâcheux, déplorables, que nous devons regretter et flétrir, tout en les comprenant jusqu'à un certain point, et pour lesquels il faut montrer d'autant plus d'indulgence, qu'ils sont souvent l'œuvre des subalternes.

PRINCE NAPOLÈON.

Dans les luttes politiques on se doit la vérité, et on prend des armes où on les trouve.

PRINCE NAPOLÈON.

Le vrai bonheur social est dans l'usage paisible

des jouissances relatives de chacun. Dans les temps réguliers et tranquilles, chacun a son bonheur. Le cordonnier est aussi heureux dans sa boutique que l'Empereur sur son trône. Les révolutions les mieux fondées détruisent tout à l'instant même, et ne remplacent que dans l'avenir.

NAPOLÉON Iᵉʳ.

Dans une société bien organisée, il n'y a pas de droits absolus ; tous ont des limites, la question est seulement de savoir quelles doivent être ces limites, et comment les imposer.

PRINCE NAPOLÉON.

On ne saurait copier ce qui s'est fait, parce que les imitations ne produisent pas toujours les ressemblances.

NAPOLÉON III.

L'amour de la patrie et de la liberté rend souvent invincible ; si l'on succombe, les cyprès sont alors aussi beaux que les lauriers.

NAPOLÉON III.

Il est des outrages qui honorent ceux qui en sont l'objet, et des violences de langage qui ne font tort qu'à ceux qui les emploient.

PRINCE NAPOLÉON.

———

Dans les moments de transition, lorsque le vieux système est à bout et que le nouveau n'est point assis, la plus grande difficulté ne consiste pas à vaincre les obstacles qui s'opposent à l'avénement d'un régime appelé par les vœux du pays, mais à l'établir solidement, en le fondant sur le concours d'hommes honorables, pénétrés des idées nouvelles et fermes dans leurs principes.

NAPOLÉON III.

———

Chose digne de remarque! Lorsque le destin pousse une société vers un but, tout y concourt fatalement, autant les attaques et les espérances de ceux qui désirent un changement, que la crainte et la résistance de ceux qui voudraient tout arrêter.

NAPOLÉON III.

———

Il y a des peuples dont l'éxistence dans le passé ne se révèle que par certaines apparitions brillantes, preuves irrécusables d'une énergie jusqu'alors ignorée. Dans l'intervalle, l'obscurité enveloppe leur histoire, et il en est d'eux comme de ces volcans longtemps silencieux qu'on croirait éteints si, de loin en loin, des éruptions ne venaient manifester le feu qui couve dans leur sein.

NAPOLÉON III.

———

Rien n'indique davantage la décadence d'une société, que la loi devenant machine de guerre à l'usage des différents partis, au lieu de rester l'expression sincère des besoins généraux.

NAPOLÉON III.

———

Des écrivains que la gloire irrite se plaisent à la rabaisser. Ils semblent vouloir ainsi infirmer le jugement des siècles passés; il est préférable de le confirmer en disant pourquoi la renommée de certains hommes a rempli le monde. Mettre en lumière les éxemples héroïques, montrer que la gloi-

re est la légitime récompense des grandes actions.
c'est rendre hommage à l'opinion publique de tous
les temps. L'homme, aux prises avec des difficultés
qui semblent insurmontables, et les domptant par
son génie, offre un spectacle toujours digne de
notre admiration; et cette admiration est d'autant
Plus justifiée, que la disproportion a été plus marquée entre le but et les moyens.

NAPOLÉON III.

Il faut bien le dire à la louange de l'humanité,
la vraie gloire a le privilége de rallier tous les
cœurs généreux; il n'y a que les hommes follement
épris d'eux-mêmes, ou endurcis par le fanatisme
d'un parti, qui résistent à cet entraînement universel vers ceux qui font la grandeur de leur pays.

NAPOLÉON III.

Alexandrie est le seul point de la terre qui ait
été foulé par Napoléon et par ses émules, Alexan-
dre et César.

PRINCE NAPOLÉON.

On reconnaît le génie, à ce que, d'un bond, il
arrive au but possible.

PRINCE NAPOLÉON.

———

Les grandes transformations du monde, ne peuvent se faire, sans que la force vienne les sanction-
ner. Quel est le progrès qui pour être accepté, n'ait
dû malheureusement être arrosé par le sang ?

PRINCE NAPOLÉON.

———

On ne peut remplacer un droit acquis et reconnu,
qu'en lui opposant un autre droit, légalement acquis
et légalement reconnu.

NAPOLÉON III.

———

Tant qu'on n'apprendra pas dès l'enfance, s'il
faut être républicain ou monarchique, catholique
ou irréligieux..... l'Etat ne sera pas une nation,
il reposera sur des bases incertaines et vagues, il
sera constamment exposé aux discordes et aux
changements.

NAPOLÉON Ier.

———

Le mal qui mine une société à son insu se révèle
lorsque des faits, sans grande importance par eux-
mêmes, viennent tout a coup produire une crise
imprévue, dévoiler des dangers inaperçus, et montrer tour à tour cette société au bord d'un abîme
dont nul n'avait soupçonné la profondeur.

NAPOLÉON III.

Il y a des circonstances impérieuses qui condam-
nent les hommes politiques, soit à l'abnégation, soit
à la persévérance. Tenir au pouvoir, lorsqu'on ne
saurait plus faire le bien, et que, représentant du
passé, on ne compte, pour ainsi dire, de partisans
que parmi ceux qui vivent des abus, c'est une obsti-
nation déplorable ; l'abandonner, lorsqu'on est le
représentant d'une ère nouvelle et l'espoir d'un
meilleur avenir, c'est une lâcheté et un crime.

NAPOLÉON III.

Les conquêtes sur la matière sont plus faciles,
que les conquêtes sur les passions et les préjugés
de l'humanité.

PRINCE NAPOLÉON.

La vérité historique devrait être non moins sacrée que la religion. Si les préceptes de la foi élèvent notre âme an-dessus des intérêts de ce monde, les enseignements de l'histoire, à leur tour, nous inspirent l'amour du beau et du juste, la haine de ce qui fait obstacle aux progrès de l'humanité.

Napoléon III.

De même que la logique nous démontre dans les événements importants leur raison d'être impérieuse, de même il faut reconnaître et dans la longue durée d'une institution la preuve de sa bonté, et dans l'influence incontestable d'un homme sur son siècle, la preuve de son génie.

Napoléon III.

Lorsque des faits extraordinaires attestent un génie éminent, quoi de plus contraire au bon sens que de lui prêter toutes les passions et tous les sentiments de la médiocrité? Quoi de plus faux que de ne pas reconnaître la prééminence de ces êtres privilégiés, qui apparaissent de temps à autre dans l'histoire comme des phares lumineux, dissipant les ténèbres de leur époque et éclairant l'avenir? Nier cette prééminence serait faire injure à l'humanité, en la croyant capable de subir, à la longue et volontairement, une domination qui ne reposerait pas sur une grandeur véritable et sur une incontestable utilité. Soyons logiques et nous serons justes.

NAPOLÉON III.

———

Trop d'historiens trouvent plus facile d'abaisser les hommes de génie, que de s'élever par une généreuse inspiration à leur hauteur, en pénétrant leurs vastes desseins.

NAPOLÉON III.

———

A quel signe reconnaître la grandeur d'un homme? A l'empire de ses idées, lorsque ses principes et son système triomphent en dépit de sa mort ou de sa défaite. N'est-ce pas, en effet, le propre du génie de survivre au néant, et d'étendre son empire sur les générations futures.

NAPOLÉON III.

———

Le sort de tous les gouvernements, quelle que soit leur forme, est de renfermer en eux des germes de vie qui font leur force, et des germes de dissolution qui doivent un jour amener leur ruine.

NAPOLÈON III.

Quand les solutions sont devenues nécessaires, il faut les trouver.

PRINCE NAPOLÉON.

Si dans toutes les familles souveraines, il y a des divergences, des appréciations et des opinions personnelles différentes, elles ne doivent se manifester que pendant les jours heureux, aux époques de succès, mais jamais dans le malheur.

PRINCE NAPOLÉON.

Il n'y a pas de clémence, là où il n'y a pas eu de jugement. On ne peut éxercer un droit de grâce et de clémence, que là où il y a des coupables.

PRINCE NAPOLÉON.

Dans tous les temps et dans tous les pays, le droit

d'être armé a été le privilége de la classe dominante, à Sparte les ilotes, à Rome les esclaves ne portaient pas d'armes. L'émancipation des villes date de l'époque ou les bourgeois, ont pu s'armer pour défendre leurs priviléges.

Prince Napoléon.

Dans les troubles civils, chaque classe de la société devine comme par instinct, la cause qui répond à ses aspirations, et se sent attirée vers elle par une secrète affinité. Les hommes nés dans les classes supérieures, ou élevés à leur niveau par les honneurs et les richesses, sont toujours entraînés vers les causes aristocratiques, tandis que les hommes retenus par la fortune dans les rangs inférieurs, restent les fermes soutiens de la cause populaire.

Napoléon III.

Les défections n'ont jamais grandi personne !

Napoléon III.

L'éxil est une affreuse peine, mais enfin l'éxil, est moins dur que la déportation.

PRINCE NAPOLÉON.

Le régime démocratique a cet avantage sur la monarchie, qu'il est plus immuable dans sa durée, plus constant dans ses desseins, plus fidèle aux traditions, et qu'il peut tout oser, parce que là où un grand nombre se partage la responsabilité, personne n'est individuellement responsable.

NAPOLÉON III.

La loi civile ne peut proscrire le divorce dans un pays où l'on tolère les cultes qui l'admettent.

NAPOLÉON Ier.

Les populations des campagnes ont des intérêts différents de ceux des populations des villes.

PRINCE NAPOLÉON.

Lorsque on lit l'histoire on est étonné de la sévérité des jugements portés par les Français sur leur propre gouvernement, et de leur indulgence pour les gouvernements étrangers.

Napoléon III.

On se laisse aisément persuader lorsque l'intérêt public se présente à travers le prisme de l'amour propre et de l'intérêt personnel.

Napoléon III.

Il y a des succès qui, par leur éclat, inquiètent même ceux qui en profitent.

Napoléon III.

Comme le corps humain, une société ne prospère qu'autant que les parties dont elle est composée remplissent chacune régulièrement leurs fonctions ; l'immobilité d'une seule entraîne la ruine de toutes les autres.

Napoléon III.

Que de choses qui paraissent impossibles ont

été faites par des hommes résolus, n'ayant plus d'autres ressources que la mort !

NAPOLÉON Ier.

Les savants ressemblent aux coquettes : Il faut les voir, causer avec eux, mais ne pas prendre plus les unes pour femmes que les autres pour ministres.

NAPOLÉON Ier.

De tous les beaux-arts, la musique est celui qui a le plus d'influence sur les passions.

NAPOLÉON Ier.

Une fortune excessive éblouit les nations comme les rois.

NAPOLÉON III.

L'homme qui a la conscience de sa valeur, n'éprouve pas un sentiment perfide de jalousie contre ceux qui l'ont devancé dans la carrière ; il leur vient plutôt en aide, car alors il a plus de gloire à les rejoindre. Où serait l'émulation de la lutte, si l'on était seul à pouvoir atteindre au but ?

NAPOLÉON III.

———

Souvent, il est avantageux aux hommes politiques de disparaître momentanément de la scène ; ils évitent ainsi de se compromettre dans des luttes journalières sans portée, et leur réputation, au lieu de s'affaiblir, grandit par l'absence.

NAPOLÉON III.

———

La séduction du vice est irrésistible lorsqu'il se présente sous les formes de l'élégance, de l'esprit et du savoir.

NAPOLÉON III.

———

Que de choses traitées d'abord de chimères ont été réalisées.

PRINCE NAPOLÉON.

———

Nous sommes tous voués à la mort. Quelques jours de vie valent-ils le bonheur de mourir pour la patrie. Heureux ceux qui meurent sur le champ de bataille. Ils vivent éternellement dans le souvenir de la postérité.

NAPOLÉON Ier.

Aucun Français ne doit craindre la mort, quel que soit l'état qu'il ait embrassé.

NAPOLÉON Ier.

L'avenir est à mépriser pour l'homme qui a du courage.

NAPOLÉON Ier.

On ne juge les hommes que par leurs actions.

NAPOLÉON Ier.

La fatalité déjoue les plus hautes combinaisons du génie.

PRINCE NAPOLÉON.

Il n'y a point de bête qui ne soit propre à rien ; il n'y a point d'esprit qui soit propre à tout.

NAPOLÉON Ier.

Les préjugés et l'orgueil n'écoutent jamais la voix de la raison, de la nature et de la religion.

NAPOLÉON Iᵉʳ.

Le premier caractère de toute méthode doit être d'aider la conception et l'imagination, de faciliter la mémoire, de donner plus de puissance à la pensée.

NAPOLÉON Iᵉʳ.

Un bien durable ne peut jamais sortir de mains impures.

NAPOLÉON III.

La jeunesse est un juge incorruptible.

NAPOLÉON Iᵉʳ.

Le bonheur rend égoïste.

NAPOLÉON III.

Souvent, quand on copie, on adopte jusqu'aux défauts.

NAPOLÉON III.

Tout commencement est pénible.

NAPOLÉON III.

———

Un père s'aveugle, se plaît lui-même à s'aveugler, parce que son fils et lui s'identifient. Ils se sont tout donné et ont tout reçu l'un de l'autre, ils ne font qu'un.

NAPOLÉON Ier.

———

Chaque homme porte en lui un monde composé de tout ce qu'il a vu et aimé et où il rentre sans cesse, alors même qu'il parcourt un monde étranger.

NAPOLÉON III.

———

Un homme a-t-il le droit de se tuer ? Oui, si sa mort ne fait mal à personne et si la vie est un mal pour lui.

NAPOLÉON Ier.

———

Le repos ne fuit pas le malheur, il n'y a que le remords qui n'en laisse pas.

NAPOLÉON Ier.

———

Nul ne peut échapper à sa destinée.

NAPOLÉON III.

Les habitudes les plus futiles et les plus inutiles ont une grande racine dans le passé, et quoique au premier abord, il semble qu'il suffise d'un souffle pour les détruire, elles résistent souvent et aux convulsions des sociétés, et aux efforts d'un grand homme.

NAPOLÉON III.

C'est une fausse idée d'utilité que celle qui sacrifie mille avantages réels, pour un inconvénient ou imaginaire ou de peu d'importance.

NAPOLÉON III.

C'est l'âme qui conduit le corps.

NAPOLÉON III.

La fortune est inconstante. Combien d'hommes qu'elle avait comblés de ses faveurs, ont vécu trop de quelques années.

NAPOLÉON Ier.

L'ignorance est la cause des utopies.

NAPOLÉON III.

L'histoire montre que tous les libelles tombent promptement dans le mépris.

NAPOLÈON Ier.

La vie est un songe léger qui se dissipe.

NAPOLÉON Ier.

Le caractère distinctif de notre nation est d'être trop vive dans la prospérité.

NAPOLÉON Ier.

Le moment qui nous sépare de celui que nous aimons est terrible ; il nous isole de la terre et fait éprouver au corps les convulsions de l'agonie.

NAPOLÉON Ier.

La fausse modestie est la forme la plus insupportable de l'orgueil.

NAPOLÉON III.

Tout abus a de longues racines dans le passé.

NAPOLÉON III.

Les facultés physiques s'aiguisent par nos périls et nos besoins. Le Bédouin du désert a la vue
perçante du lynx, et le sauvage des forêts a l'odo-
rat des bêtes.

NAPOLÉON Ier.

Quand on connaît son mal moral, il faut savoir
soigner son âme, comme on soigne son bras ou sa
ambe.

NAPOLÉON Ier.

Les blancs sont toujours blancs.

NAPOLÉON Ier.

L'amour est l'occupation de l'homme oisif, la
distraction du guerrier, l'écueil des souverains.

NAPOLÉON Ier.

Les femmes, quand elles sont méchantes, sont
pires que les hommes. Quand le sexe qui a la
douceur en partage, est une fois dégradé, il tombe

dans un avilissement plus honteux que le nôtre.
Les femmes sont toujours beaucoup méilleures
ou beaucoup plus mauvaises que les hommes.

NAPOLÉON Iᵉʳ.

Une nation retrouve des hommes plus aisément
qu'elle ne retrouve son honneur.

NAPOLÈON Iᵉʳ.

Devant un danger général toute ambition per-
sonnelle doit disparaître.

NAPOLÉON III.

La fortune est pour les braves.

NAPOLÉON Iᵉʳ.

On ne doit pas prendre les hommes à leur vi-
sage ; on ne les connaît bien qu'à l'éssai.

NAPOLÉON Iᵉʳ.

Il ne faut pas passer sur cette terre sans laisser
de traces qui recommandent notre mémoire à la
postérité.

NAPOLÉON Iᵉʳ.

Les hommes sont comme les chiffres qui n'acquièrent de valeur que par leur position.

NAPOLÉON Iᵉʳ.

Il faut profiter des faveurs de la fortune, lorsque ses caprices sont pour vous, car il y a à craindre que le dépit ne la change. Elle est femme !

NAPOLÉON Iᵉʳ.

Quand on ne craint pas la mort, on la fait rentrer dans les rangs ennemis.

NAPOLÉON Iᵉʳ.

La vie est semée de tant d'écueils, et peut être a source de tant de maux, que la mort n'est pas le plus grand de tous.

NAPOLÉON Iᵉʳ.

La mort est un sommeil sans rêve.

NAPOLÉON Iᵉʳ.

L'alarme abat les esprits et paralyse le courage.

NAPOLÉON Iᵉʳ.

Le malheur a son bon côté, il ramène dans le vrai ; que de convictions il réduit à l'état d'erreurs ; que de conséquences il transforme en rêves fantastiques !

NAPOLÉON Ier.

Dans les grandes villes, tous les moments qui sont dérobés au travail, sont donnés au vice ou au crime.

NAPOLÉON Ier.

Le mariage ne dérive pas de la nature, mais de la société et des mœurs.

NAPOLÉON Ier.

Nos sentiments ne sont, pour la plupart, que des traditions.

NAPOLÉON III.

Le silence convient au malheur.

NAPOLÉON III.

Juger c'est comparer.

NAPOLÉON III.

7

Le système fédératif peut unir différents peuples, mais il divise une nation qui formait un tout compacte ; il tue tout esprit de nationalité et d'indépendance.

NAPOLÉON III.

Ce sont, pour un souverain, de belles funérailles que celles où la Patrie éplorée, et la Gloire en deuil, l'accompagnent à son dernier séjour.

NAPOLÉON III.

APPENDICE

18 MAI 1804

PROCLAMATION DE L'EMPIRE

Le Sénat se rend au Palais de Saint-Cloud pour porter à Napoléon Ier la couronne. L'Empereur répond dans les termes suivants au discours qui lui est adressé :

« Tout ce qui peut contribuer au bien de la « patrie est éssentiellement lié à mon bonheur.

« J'accepte le titre que vous croyez utile à la « gloire de la nation.

« Je soumets à la sanction du peuple la loi de « l'hérédité. J'espère que la France ne se repen- « tira jamais des honneurs dont elle environnera « ma famille.

« Dans tous les cas, mon esprit ne serait plus « avec ma postérité, le jour où elle cesserait de « de mériter l'amour et la confiance de la grande « nation. »

L'Empereur répond au tribunat :

« Je vous remercie du soin que vous mettez à
« relever le peu de bien que je puis avoir fait.
« Le tribunat a contribué, par ses travaux, à la
« perfection des différents actes de la législation
« de la France, et, en cela, il a rempli le plus
« constant de mes vœux. Je me plais à tout devoir
« au peuple ; ce sentiment seul me rend chers les
« nouveaux honneurs dont je suis revêtu. »

13 JUIN 1849

PROCLAMATION
AU PEUPLE FRANÇAIS

Une minorité factieuse au sein même de l'assemblée fait un appel à l'insurrection, à la guerre civile.

Informé des projets des conspirateurs, le Président de la République adresse au peuple cette proclamation :

Quelques factieux osent encore lever l'étendard de la révolte contre un gouvernement légitime, puisqu'il est le produit du suffrage universel. Ils m'accusent d'avoir violé la constitution, moi qui ai supporté depuis six mois, sans en être ému, leurs injures, leurs calomnies, leurs provocations. La majorité de l'assemblée est le but de leurs outrages. L'accusation dont je suis l'objet n'est qu'un prétexte, et la preuve, c'est que ceux qui m'attaquent me poursuivaient déjà avec la même haine, la même injustice, alors que le peuple de

Paris me nommait Représentant du peuple, et le
peuple de la France, Président de la République.

Ce système d'agitation entretient, dans le pays,
le malaise et la défiance, qui engendrent la mi-
sère ; il faut qu'il cesse. Il est temps que les bons
se rassurent et que les méchants tremblent. La
République n'a pas d'ennemis plus implacables
que ces hommes qui, perpétuant le désordre, nous
forcent de changer la France en un vaste camp,
nos projets d'amélioration et de progrès, en des
préparatifs de lutte et de défiance.

Elu par la nation, la cause que je défends est la
vôtre, c'est celle de vos familles, comme celles de
vos propriétés, c'est celle du pauvre comme celle
du riche, celle de la civilisation toute entière. Je
ne reculerai devant rien pour la faire triompher.

LOUIS-NAPOLÉON BONAPARTE.

2 DÉCEMBRE 1851

L'Assemblée nationale est dissoute. Le Président de la République adresse les deux proclamations qui suivent au peuple et à l'armée :

PROCLAMATION DU PRÉSIDENT DE LA RÉPUPLIQUE
APPEL AU PEUPLE

Français !

La situation actuelle ne peut durer plus long-temps. Chaque jour qui s'écoule aggrave les dangers du pays. L'Assemblée, qui devait être le plus ferme appui de l'ordre, est devenue un foyer de complots. Le patriotisme de trois cents de ses membres, n'a pu arrêter ses fatales tendances. Au lieu de faire des lois dans l'intérêt général, elle forge des armes pour la guerre civile ; elle attente au pouvoir que je tiens directement du peuple ; elle encourage toute les mauvaises passions ; elle compromet le repos de la France ! je l'ai dissoute, et je rends le peuple entier juge entre elle et moi.

La Constitution, vous le savez, avait été faite dans le but d'affaiblir d'avance le pouvoir que vous alliez me confier. Six millions de suffrages furent une éclatante protestation contre elle, et cependant je l'ai fidèlement observée. Les provocations, les calomnies, les outrages, m'ont trouvé impassible. Mais aujourd'hui que le pacte fondamental n'est plus respecté de ceux-là même qui l'invoquent sans cesse, et que les hommes qui ont déjà perdu deux monarchies, veulent me lier les mains afin de renverser la République, mon devoir est de déjouer leurs perfides projets, de maintenir la République et de sauver le pays, en invoquant le jugement solennel du seul souverain que je reconnaisse en France, le Peuple.

Je fais donc un appel loyal à la nation toute entière, et je vous dis :

Si vous voulez continuer cet état de malaise qui nous dégrade et compromet notre avenir, choisissez un autre à ma place, car je ne veux plus d'un pouvoir qui est impuissant à faire le bien, me rend responsable d'actes que je ne puis empêcher, et m'enchaîne au gouvernail, quand je vois le vaisseau courir vers l'abîme.

Si, au contraire, vous avez encore confiance en moi, donnez-moi les moyens d'accomplir la grande mission que je tiens de vous.

Cette mission consiste à fermer l'ère des révolutions en satisfaisant les besoins légitimes du peuple, et en le protégeant contre les passions subversives.

Elle consiste surtout à créer des institutions qui survivent aux hommes, et qui soient enfin des fondations sur lesquelles on puisse asseoir quelque chose de durable.

Persuadé que l'instabilité du pouvoir, que la prépondérance d'une assemblée, sont des causes permanentes de trouble et de discorde, je soumets à vos suffrages, les bases fondamentales d'une constitution. . . . .

Ce système, créé par le Premier Consul, au commencement du siècle, a déjà donné à la France le repos et la prospérité ; il les lui garantirait encore

Telle est ma conviction profonde.

Si vous la partagez, déclarez-le par vos suffrages. Si, au contraire, vous préférez un gouvernement sans force, monarchique ou républicain, emprunté à je ne sais quel passé ou à quel avenir chimérique, répondez négativement.

Ainsi donc, pour la première fois depuis 1804, vous voterez en connaissance de cause, en sachant bien pour qui et pourquoi.

Si je n'obtiens pas la majorité de vos suffrages, **alors** je provoquerai la réunion d'une nouvelle assemblée, et je lui remettrai le mandat que j'ai reçu de vous.

Mais si vous croyez que la cause dont mon nom **est** le symbole, c'est-à-dire la France régénérée par la révolution de 89 et organisée par l'Empereur, est toujours la vôtre, proclamez-le en consacrant les pouvoirs que je demande.

Alors la France et l'Europe seront préservées de l'anarchie, les obstacles s'aplaniront, les rivalités auront disparu, car tous respecteront, dans l'arrêt du peuple, le décret de la Providence.

PROCLAMATION DU PRÉSIDENT DE LA RÉPUBLIQUE
A L'ARMÉE

Soldats !

Soyez fiers de votre mission, vous sauverez la Patrie, car je compte sur vous, non pour violer es lois, mais pour faire respecter la première loi du pays, la souveraineté nationale, dont je suis le égitime représentant.

Depuis longtemps, vous souffriez comme moi des obstacles qui s'opposaient et au bien que je voulais faire, et aux démonstrations de votre sympathie en ma faveur.

Ces obstacles sont brisés. L'assemblée a éssayé d'attenter à l'autorité que je tiens de la nation entière : elle a cessé d'éxister.

Je fais un loyal appel au peuple et à l'armée, et je leur dis : ou donnez-moi les moyens d'assurer votre prospérité, ou choisissez un autre à ma place.

En 1830 comme en 1848, on vous a traités en vaincus. Après avoir flétri votre désintéressement héroïque, on a dédaigné de consulter vos sympathies et vos vœux; et cependant, vous êtes l'élite de la nation. Aujourd'hui, en ce moment solennel, je veux que l'armée fasse entendre sa voix.

Votez donc librement comme citoyens, mais comme soldats, n'oubliez pas que l'obéissance passive aux ordres du chef du gouvernement est le devoir rigoureux de l'armée, depuis le général jusqu'au soldat. C'est à moi, responsable de mes actions devant le peuple et devant la postérité, de prendre les mesures qui me semblent indispensables pour le bien public.

Quant à vous, restez inébranlables dans les règles de la discipline et de l'honneur.

Aidez, par votre attitude imposante, le pays à manifester sa volonté dans le calme et la réflexion. Soyez prêts à réprimer toute tentative contre le libre éxercice de la souveraineté du peuple.

Soldats, je ne vous parle pas des souvenirs que mon nom rappelle. Ils sont gravés dans vos cœurs, nous sommes unis par des liens indissolubles. Votre histoire est la mienne. Il y a entre nous, dans

le passé, communauté de gloire et de malheurs ;
il y aura, dans l'avenir, communauté de sentiments et de résolution pour le repos et la grandeur
de la France.

21 DÉCEMBRE 1851

Les membres de la commission consultative présentent au Président de la République, le résultat du recensement général des votes émis sur le projet du plébiscite le 2 décembre.

Le Prince prononce le discours suivant :

Messieurs,

La France a répondu à l'appel loyal que je lui avais fait. Elle a compris que je n'étais sorti de la légalité que pour rentrer dans le droit. Plus de sept millions de suffrages viennent de m'absoudre, en justifiant un acte qui n'avait d'autre but que d'épargner à notre patrie, et à l'Europe peut-être, des années de troubles et de malheurs.

Je vous remercie d'avoir constaté officiellement combien cette manifestation était nationale et spontanée.

Si je me félicite de cette immense adhésion, ce n'est pas par orgueil ; mais parce qu'elle me donne la force de parler et d'agir, ainsi qu'il convient au chef d'une grande nation comme la nôtre.

Je comprends toute la grandeur de ma mission nouvelle. Je ne m'abuse pas sur ses graves difficultés. Mais avec un cœur droit, avec le concours de tous les hommes de bien qui, ainsi que vous, m'éclaireront de leurs lumières et me soutiendront de leur patriotisme ; avec le dévouement éprouvé de notre vaillante armée, enfin avec cette protection que demain je prierai solennellement le ciel de m'accorder encore, j'espère me rendre digne de la confiance que le peuple continue de mettre en moi. J'espère assurer les destinées de la France, en fondant des institutions qui répondent à la fois, et aux instincts démocratiques de la nation, et à ce désir exprimé universellement d'avoir désormais un pouvoir fort et respecté. En effet, donner satisfaction aux éxigences du moment, en créant un système qui reconstitue l'autorité sans blesser l'égalité, sans fermer aucune voie d'amélioration,

c'est jeter les véritables bases du seul édifice capable de supporter plus tard une liberté sage et bien-
faisante.

———

4 NOVEMBRE 1852

MESSAGE DU PRINCE PRÉSIDENT AU SÉNAT

Messieurs les Sénateurs,

La nation vient de manifester hautement la volonté de rétablir l'Empire. Confiant dans votre patriotisme et vos lumières, je vous ai convoqués pour délibérer légalement sur cette grave question, et vous remettre le soin de régler le nouvel ordre de choses. Si vous l'adoptez, vous penserez sans doute, comme moi, que la constitution de 1852 doit être maintenue, et alors les modifications reconnues indispensables, ne toucheront en rien aux bases fondamentales.

Le changement qui se prépare, portera principalement sur la forme ; et cependant, reprendre le symbole Impérial, est pour la France d'une immense signification. En effet, dans le rétablissement de l'Empire, le peuple trouve une garantie à ses intérêts et une satisfaction à son juste orgueil : Ce rétablissement garantit ses intérêts en assurant l'avenir, en fermant l'ère des révolutions, en consacrant encore les conquêtes de 89 ! Il satisfait son juste orgueil, parce que, relevant avec liberté et réflexion, ce qu'il y a trente-sept ans l'Europe entière, avait renversé par la force des armes, au milieu des désastres de la patrie, le peuple venge noblement ses revers sans faire de victimes, sans menacer aucune indépendance, sans troubler la paix du monde.

Je ne me dissimule pas néanmoins, tout ce qu'il y a de redoutable à accepter aujourd'hui et à mettre sur sa tête la couronne de Napoléon ; mais mes appréhensions diminuent par la pensée que, représentant à tant de titres la cause du peuple et la volonté nationale, ce sera la nation qui, en m'élevant au trône, se couronnera elle-même.

Louis-Napoléon Bonaparte.

7 NOVEMBRE 1852

Le vice-président du Sénat remet à Son Altesse Impériale le sénatus-consulte relatif au rétablissement de l'Empire. Le Prince prononce le discours suivant :

Messieurs les Sénateurs,

Je remercie le Sénat de l'empressement avec lequel il a répondu au vœu du pays, en délibérant sur le rétablissement de l'Empire, et en rédigeant le sénatus-consulte qui doit être soumis à l'acceptation du peuple.

Lorsqu'il y a quarante-huit ans, dans ce même Palais, dans cette même salle et dans des circonstances analogues, le Sénat vint offrir la couronne au chef de ma famille, l'Empereur répondit par ces paroles mémorables : *Mon esprit ne serait plus avec ma postérité, du jour ou elle cesserait de mériter l'amour et la confiance de la grande nation.*

Eh bien ! aujourd'hui, ce qui touche le plus

mon cœur, c'est de penser que l'esprit de l'Empereur est avec moi, que sa pensée me guide, que son ombre me protège, puisque, par une démarche solennelle, vous venez, au nom du peuple français, me prévenir que j'ai mérité la confiance du pays. Je n'ai pas besoin de vous dire que ma préoccupation constante sera de travailler comme vous à la grandeur et à la prospérité de la France.

1ᵉʳ DECEMBRE 1852

Le Sénat et le Corps législatif se rendent à St-Cloud, pour assister à la proclamation de l'Empire. Sa Majesté prononce le discours suivant :

Messieurs,

Le nouveau règne que vous inaugurez aujourd'hui n'a pas pour origine comme tant d'autres dans l'histoire, la violence, la conquête ou la ruse. Il est, vous venez de le déclarer, le résultat légal de la volonté de tout un peuple, qui consolide au milieu du calme, ce qu'il avait fondé au milieu des agitations. Je suis pénétré de reconnaissance envers la nation, qui, trois fois en quatre années, m'a soutenu de ses suffrages, et chaque fois n'a augmenté sa majorité que pour accroître mon pouvoir.

Mais plus le pouvoir gagne en étendue et en force vitale, plus il a besoin d'hommes éclairés

comme ceux qui m'entourent chaque jour, d'hommes indépendants comme ceux auxquels je m'a-
dresse pour m'aider de leurs conseils, pour ramener mon autorité dans de justes limites, si elle pou-
vait s'en écarter jamais.

Je prends dès aujourd'hui, avec la couronne, le
nom de Napoléon III, parce que la logique du
peuple me l'a déjà donné dans ses acclamations,
parce que le Sénat l'a proposé légalement, et parce que la nation entière l'a ratifié.

Est-ce à dire cependant qu'en acceptant ce titre,
je tombe dans l'érreur reprochée au prince qui,
revenant de l'exil, déclara nul et non avenu tout
ce qui s'était fait en son absence ? loin de moi un
semblable égarement ! Non seulement je reconnais
les gouvernements qui m'on précédé, mais j'hérite,
en quelque sorte de ce qu'ils ont fait de bien ou
de mal ; car les gouvernements qui se succèdent
sont, malgré leurs origines différentes, solidaires
de leurs devanciers. Mais plus j'accepte tout ce
que depuis cinquante ans, l'histoire nous trans-
met avec son inflexible autorité, moins il m'était

permis de passer sous silence le règne glorieux du chef de ma famille, et le titre régulier, quoique éphémère, de son fils, que les Chambres proclamèrent dans le dernier élan du patriotisme vaincu. Ainsi donc, le titre de Napoléon III, n'est pas une de ces prétentions dynastiques et surannées qui semblent une insulte au bon sens et à la vérité ; c'est l'hommage rendu à un gouvernement qui fut légitime, et auquel nous devons les plus belles pages de notre histoire moderne. Mon règne ne date pas de 1815, il date de ce moment même, ou vous venez de me faire connaître les suffrages de la nation.

Recevez donc mes remerciements, Messieurs, pour l'éclat que vous avez donné à la manifestation de la volonté nationale en la rendant plus évidente par votre contrôle, plus imposante par votre déclaration. Je vous remercie d'avoir bien voulu être les premiers à m'adresser vos félicitations.

Aidez-moi tous à asseoir sur cette terre, bouleversée par tant de révolutions, un 'gouvernement stable, qui ait pour base la religion, la justice, la probité, l'amour des classes souffrantes.

Recevez ici le serment que rien ne me coûtera pour assurer la prospérité de la patrie, et que tout en maintenant la paix, je ne cèderai rien de tout ce qui touche à l'honneur et à la dignité de la France.

15 JANVIER 1883

Le Prince Napoléon adresse à ses concitoyens le manifeste suivant :

La France languit.

Quelques-uns parmi ceux qui souffrent s'agitent

La grande majorité de la nation est dégoûtée. Sans confiance dans le présent, elle semble attendre un avenir, qu'elle ne pourra obtenir que par une résolution virile.

Le pouvoir éxécutif est affaibli, incapable et impuissant.

Les Chambres sont sans direction et sans volonté.

Le parti au pouvoir méconnaît ses propres principes, pour ne rechercher que la satisfaction des passions les moins élevées.

Le Parlement est fractionné à l'infini.

Réactionnaires, modérés, radicaux se sont succédés au gouvernement. Tous ont échoué.

On vous a promis une République réparatrice et réformatrice. Promesse mensongère.

Vous assistez à des crises continuelles qui atteignent le Chef de l'Etat, les ministres et les Chambres.

L'expérience de la République parlementaire, poursuivie depuis douze années, est complète.

Vous n'avez pas de gouvernement.

Le mal réside dans la constitution qui met le pays à la discrétion de huit cents sénateurs et députés.

Des fautes avaient été commises dans le passé. Pourquoi les aggraver au lieu d'y trouver des enseignements ?

L'armée, base de notre grandeur et de notre sécurité, est livrée à l'outrecuidance d'hommes incompétents. Ils dissertent depuis dix ans sur sa réorganisation, et en sont réduits, après des tâtonnements qui ruinent l'esprit militaire, à chercher encore une bonne loi de recrutement.

L'Administration est discréditée. Les fonctionnaires sont les esclaves des intérêts électoraux les plus mesquins.

Exploiter le pays, ce n'est pas l'administrer.

La magistrature, menacée dans le principe de son indépendance, semble perdre tous les jours, avec la sécurité à laquelle elle a droit, le sentiment de sa mission.

Nos finances sont délapidées.

Les impôts, lourds et mal répartis, sont maintenus dans un fatal esprit de routine, qui met obstacle à tout progrès.

Il est en effet plus facile d'emprunter que de réformer.

Les dépenses s'accroissent sans raison.

Les conditions les plus élémentaires du crédit public sont méconnues. Un agiotage, qui ne doit souvent son impunité qu'à des solidarités compromettantes, a envahi toutes les classes de la société.

La dette flottante est portée à un chiffre qui menace notre crédit à la première secousse.

Malgré des impôts énormes, l'équilibre du budget n'éxiste pas.

9

La Religion, attaquée par un athéisme persécuteur, n'est pas protégée. Et cependant ce grand intérêt de toute société civilisée, est plus facile à sauvegarder que tout autre par l'application loyale du Concordat, qui seul peut nous donner la paix religieuse.

Les questions sociales, vitales pour notre démocratie, où l'égalité politique doit avoir pour conséquence une meilleure répartition des charges au profit de la classe plus nombreuse et la plus pauvre sont niées. L'étude même en est dédaignée. En face de ces problèmes qui s'imposent, nous n'avançons pas, nous reculons.

Notre commerce est atteint par l'abandon des traités de 1860, auxquels nous devions la prospérité ; et l'intérêt des consommateurs et des commerçants est sacrifié.

Notre politique étrangère est de mauvaise foi avec les faibles. Elle est au service de spéculations particulières en Tunisie, dont l'occupation coûteuse est sans profit ; elle est lâche et inepte en Egypte, où les intérêts de la France sont considérables.

On ne peut parcourir les pays étrangers sans une tristesse profonde. Notre France, naguère si grande, n'a plus aujourd'hui ni amis ni prestige. Elle ne rencontre chez les plus bienveillants qu'une indifférence plus pénible que l'hostilité, et cependant une France forte à sa place nécessaire dans le monde.

Nous ne retrouverons notre position vis-à-vis de l'étranger que par notre relèvement intérieur.

Cette situation provient de l'abandon du principe de la souveraineté nationale. Tant que le peuple n'aura pas parlé, la France ne se relèvera pas.

Héritier de Napoléon Ier et de Napoléon III, je suis le seul homme vivant dont le nom ait réuni *Sept millions trois cent mille suffrages.*

Depuis la mort du fils de l'Empereur, j'ai gardé le silence sur l'ensemble de la politique. Ne voulant pas troubler l'expérience qui se poursuivait, j'ai attendu attristé que la parole me fut donnée par les évènements. Mon silence n'était que la patriotique expression de mon respect pour le repos du pays.

Ma conduite, mes opinions, mes sentiments ont

été systématiquement calomniés. Impassible, je n'ai répondu que par le mépris à ceux qui ont été jusqu'à éxciter les fils contre le père. Efforts odieux et stériles. J'ai dû imposer silence à de jeunes cœurs révoltés par ces incitations. J'ai voulu être seul en face de mes adversaires. Mes fils sont encore étrangers à la politique. L'ordre naturel les désigne après moi, et ils resteront fidèles à la vraie tradition napoléonienne.

On a parlé d'abdication, cela ne sera pas. Lorsqu'on a plus de devoirs que de droits, une abdication est une désertion.

Ces ententes, ces reconnaissances réciproques peuvent convenir à des Princes qui se regardent comme ayant des droits supérieurs à la volonté du pays. Les Napoléons, élus et serviteurs du peuple, ne sauraient agir ainsi.

Deux principes divisent le monde : celui qui admet un droit supérieur à la volonté du peuple, et celui qui fait résider le principe de tout pouvoir dans cette souveraineté.

Je respecte les pays où ces deux principes s'accordent. En France il n'en est pas ainsi. Les représentants du passé sont définitivement repoussés.

Pas d'équivoque.

Aucun accord n'est possible avec les partisans du drapeau blanc, devenu le seul emblème de la maison de Bourbon.

S'il y a dissidence entre les partisans de la souveraineté nationale, il n'y a pas entre eux antagonisme absolu.

Les Napoléons défendent la souveraineté directe du peuple. Cette doctrine a été abandonnée par beaucoup de républicains, uniquement par la crainte des votes populaires.

Ce qu'un plébiscite a établi, un nouveau plébiscite peut seul le remplacer.

Je ne représente pas un parti, mais une cause et un principe.

Cette cause est celle de tous, bien plus que la mienne.

Ce principe, c'est le droit qu'à le Peuple de nommer de son Chef. Nier ce droit est un attentat à la souveraineté nationale.

Le gouvernement s'éffondre ; mais une grande démocratie comme la nôtre ne peut se dérober longtemps à la nécessité de constituer l'autorité. Le peuple en a le sentiment. Il l'a prouvé dans les huit plébiscites de 1800, 1802, 1804, 1815, 1848, 1851, 1852 et 1870.

Français, souvenez-vous de ces paroles de Napoléon Ier :

« *Tout ce qui est fait sans le Peuple est illégi-*
« *gitime.* »

NAPOLÉON.

TABLE

APPENDICE

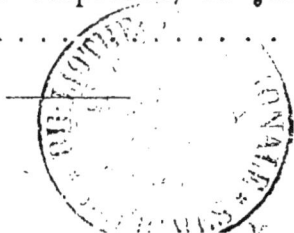

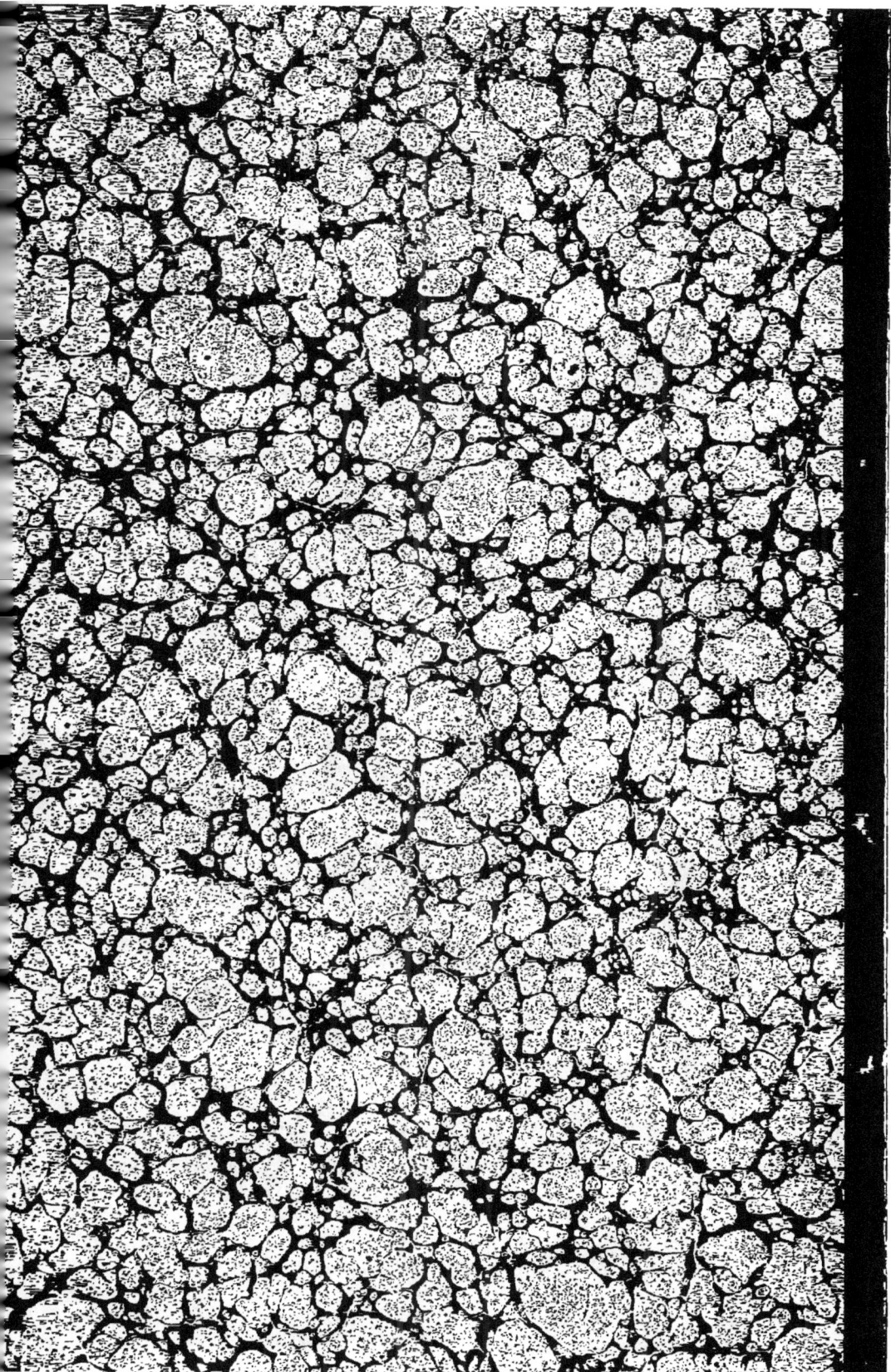